U0929098

外商直接投资、制造业产业集聚与创新的关系及其实证分析

苏楠 著

中国科学技术大学出版社

内 容 简 介

从世界范围来看，依靠引入外商直接投资(FDI)来培育本地产业集群发展的模式尽管有不少成功的案例，但也有不少地区 FDI 很难与本地经济真正融合。本书介绍相关概念；运用多种分析方法对 FDI 技术溢出、产业集聚和技术创新各个环节的作用机制进行系统性归纳分析；从行业和地区层面分析考察我国 FDI 技术溢出的影响程度，对 FDI 和不同类型产业集聚与国内创新效率进行实证检验；分析我国产业集群向创新集群转型中的优势、劣势和实现途径。本书的研究可以为政府制定有针对性的政策提供参考。

图书在版编目(CIP)数据

外商直接投资、制造业产业集聚与创新的关系及其实证分析/苏楠著. —合肥：中国科学技术大学出版社，2014.7

ISBN 978-7-312-03466-4

Ⅰ. 外… Ⅱ. 苏… Ⅲ. ① 制造工业—外商直接投资—研究—中国 ② 制造工业—产业经济—研究—中国 Ⅳ. F426.4

中国版本图书馆 CIP 数据核字(2014)第 124019 号

出版 中国科学技术大学出版社
安徽省合肥市金寨路 96 号，230026
网址：http://press.ustc.edu.cn

印刷 安徽省瑞隆印务有限公司

发行 中国科学技术大学出版社

经销 全国新华书店

开本 710 mm×1000 mm 1/16

印张 10.25

字数 212 千

版次 2014 年 7 月第 1 版

印次 2014 年 7 月第 1 次印刷

定价 30.00 元

前　言

改革开放促使中国对外贸易和外商直接投资(FDI)迅速增长，同时也使国内制造业的空间维度特征发生明显改变，由过去集中于东北、中部地区，向东南部沿海地区集聚。而且为推动地区经济加速发展，中央及各地方政府出台大量吸引 FDI 和促进地方产业集群发展的相关政策，这些政策不但有利于地区发展，而且对国内企业技术创新十分必要。因为按照国内企业目前技术水平，借助外部现有技术可以缩短研发时间。而对于地方政府来说，将本地区与全球市场联结起来的最便捷的方法，是提供财政激励措施引进跨国公司进入，从而带动本地配套生产企业的建立。本地企业则利用 FDI 作为进入国际市场和获得外部技术的方法。

然而相关研究发现，通过外资企业的技术溢出来带动国内企业的技术创新这一途径不会自动取得，传统经济学所认为的技术“涓滴效应”不会经常出现，或者说“涓滴”速度可能过慢以致不能对创新效率产生显著的效果。外资企业技术溢出的实现还离不开产业集群这一平台，集群之中内、外资企业间的正式和非正式关系网络，与创新有关的其他协同体系建设，都会直接影响我国企业创新绩效。从世界范围来看，依靠引入 FDI 来培育本地产业集群发展的模式尽管也有不少成功的案例，但也有不少地区 FDI 很难与本地经济真正融合，无法产生真正意义上有活力、能自我维持的产业集群。因此，要实现这一目标，需要国家实施合理的公共政策和制度安排，在促进 FDI 的技术转移和带动本地产业集群的发展，以及产业集群向创新集群转变等方面发挥积极引导作用。

目前 FDI 技术溢出对国内企业的影响程度如何？不同类型 FDI 对不同类型地区技术溢出的影响程度如何？中国制造业产业集群形成过程中 FDI 起到何种作用？产业集聚是怎样影响国内企业技术创新的？我国的技术创新体系存在哪些优势、劣势？如何解决？对于这些问题，目前我们还没有全面了解。因此,对 FDI、产业集聚和技术创新进行系统分析就具有重要理论价值和现实意义。

本书的理论意义主要体现在:① 对相关概念进行全面梳理;② 运用多种分析方法对 FDI 技术溢出、产业集聚和技术创新各个环节的作用机制进行系统性归纳分析;③ 从行业和地区层面分析考察我国 FDI 技术溢出的影响程度,对 FDI 和不同类型产业集聚与国内企业创新效率进行实证检验;④ 分析我国产业集群向创新集群转型中的优势、劣势和实现途径。本书的现实意义主要体现在:① 通过对 FDI 对产业集群形成作用机制的分析,探讨 FDI 根植性问题的解决;② 通过对 FDI 技术溢出现实情况的研究,更好地为政府政策制定提供依据;③ 实证分析 FDI、产业集聚对国内企业技术创新绩效的影响,通过对不同类型行业和集聚状况的对比,从行业的角度探寻影响创新绩效的主要因素,为政府制定有针对性的政策提供参考。

鉴于此,本书采用理论分析与实证分析相结合、制度分析与计量分析相结合的方法,综合运用发展经济学、新经济地理学、新制度经济学、计量经济学和统计学等多个学科的知识来分析,全书五个部分之间存在内在的逻辑联系,以"背景分析→概念界定→理论分析→作用机制分析→实证分析→总结"为主线展开。

第一部分是研究背景、研究意义、研究目的、研究方法、研究框架、基本概念的界定和相关文献综述。这部分包括引言和第一章文献综述的内容,是全书理论和实证分析的前提。第二部分是基本理论的分析,采用新经济地理增长模型(NEGG)分析,对应第二章的内容。这部分是在前面基本概念界定和文献综述的基础上,对知识本地化溢出条件下集聚和增长关系的分析。第三部分是关于 FDI 对产业集聚形成机制的归纳分析,包括用统计数据说明 FDI、产业集聚数量结构变化,对应第三章的内容。第四部分是经验研究部分,包括 FDI 技术溢出影响的机制总结和实证分析,对应第四章的内容;还有 FDI、产业集聚对技术创新的影响分析,对应第五章内容。第五部分是结论与研究展望,该部分对全书形成的主要结论进行总结,并指出本书的不足和进一步研究的方向,对应第六章内容。

通过对 FDI、产业集聚和技术创新基本理论、作用机制的总结和实证分析，得到以下主要结论：

(1) 从新经济地理增长理论的角度，原来对产业集聚的研究认为，产业集聚会使核心地区受益，而外围地区受损，所以外围地区政府会有实施保护性政策的倾向。然而，如果存在内生增长和知识本地化溢出，产业集聚尽管会带来地区不平衡的出现，但也会带来更快速的经济增长，也就是实现经济起飞，对外围地区的福利长期是有利的。而地区之间经济融合，除了通常的资本和劳动力的跨地区流动以外，还表现在创意知识和专利之类跨地区流动，也就是知识溢出效应，这些都有助于外围地区经济的起飞和良性循环产生。

(2) FDI 促进本地产业集聚形成的作用机制，本书将其归结为声誉效应、自我强化效应和技术溢出效应。这些作用的发挥会不断吸引本地企业进入，最终形成产业集聚现象。但是要建立那种具有内生性、自组织形式的发展模式，需要地方政府在外资企业的选择、集群内部信息流动、完善集群网络关系这些方面制定合适的政策，以强化外资企业的根植性。

(3) 通过对 FDI 技术溢出的实证分析，本书发现，FDI 整体而言对我国内资企业的增长效应为负向，技术溢出的作用机制存在一定的阻塞现象。从类型细分来看，制造业 FDI 对国内企业起到较大的负效应，并且扩散于整体经济；而服务业 FDI 促进了制造业的增长，存在部门间的溢出效应。这说明目前制造业外资企业进入更多带来的是竞争强化，削弱了国内企业可用于研发的支出，降低了创新能力。而目前我国专业化生产服务业的发展不足，此类型 FDI 进入有比较明显的溢出效应。因此，各地区在引入外资时，应当根据地区具体情况选择外资企业类型。

(4) 通过对 FDI 和产业集聚结构对制造业创新绩效的实证分析，本书发现，从全国整体来看，FDI、产业专业化对创新绩效的影响存在比较弱的正向作用；从行业技术能力分组来看，FDI 和产业专业化对高技术行业创新绩效的影响相对更大，产业多样化对低技术产业创新绩效的影响相对更大。我国以建设创新型国家为发展目标，在实现这一目标的过程中，FDI 和产业集聚对于高技术产业仍然具有一定的正向作用，因此，需要继续现有鼓励政策的实施，并且逐步完善协同创新体系建设，为FDI的技术溢出和集聚外部性的充分发挥提供前提条件。

（5）在促进产业集群向创新集群转型过程中，我国存在许多优势条件，如何将优势转化为创新产出，地方政府在目前应当转变思路，除了继续将产业集群作为创新体系最重要部分继续推动外，还要完善其他配套体系建设，将地方政府政策、大学公共研究机构、专业化供应商、生产性服务供应商和商业协会有机地结合起来，为本地产业集群提供必要的协同生产体系，充分发挥产业集群的效率。

苏　楠

2014年5月

目　　录

前言 ………………………………………………………………………………（ⅰ）

引言 ………………………………………………………………………………（1）
　第一节　研究背景与主题 …………………………………………………（1）
　第二节　研究的理论意义和现实意义 ……………………………………（5）
　第三节　基本概念的界定 …………………………………………………（9）
　第四节　研究目的与方法 …………………………………………………（13）
　第五节　基本框架与可能的创新 …………………………………………（15）

第一章　文献综述 ………………………………………………………………（17）
　第一节　外商直接投资相关理论的研究 …………………………………（17）
　第二节　产业集聚理论研究历程回顾 ……………………………………（25）
　第三节　外商直接投资技术溢出对技术创新影响的相关研究 …………（35）
　第四节　外商直接投资流入和产业集聚形成的相关研究 ………………（38）
　第五节　集聚专业化对技术创新的影响 …………………………………（39）
　第六节　集聚多样化对技术创新的影响 …………………………………（46）
　第七节　地区创新和创业能力对地区生产率的影响 ……………………（48）

第二章　外商直接投资、制造业集聚和创新的理论分析 ……………………（51）
　第一节　技术外部性和集聚的关系 ………………………………………（51）
　第二节　新经济地理增长模型 ……………………………………………（53）
　第三节　模型的基本结论 …………………………………………………（66）

第三章　外商直接投资与中国制造业产业集聚的作用机制分析 …………（68）
　第一节　我国外商直接投资流入的数量与结构变动 ……………………（68）
　第二节　我国产业集聚的地理和行业层面变动 …………………………（71）
　第三节　外商直接投资与制造业产业集聚形成的作用机制分析 ………（74）
　第四节　国外在外商直接投资和产业集群方面的经验 …………………（81）

第四章　外商直接投资的技术溢出效应及其相关影响因素研究 ……………（84）
第一节　外商直接投资产业内和产业间技术溢出的作用机制分析 ………（84）
第二节　外商直接投资技术溢出效应的实证分析 ……………………………（86）
第三节　金融发展对外商直接投资技术溢出效应的影响 ……………………（97）

第五章　外商直接投资、制造业产业集聚对技术创新的实证研究 …………（110）
第一节　中国技术创新的变动趋势 ………………………………………（110）
第二节　实证研究的设计及其实施 ………………………………………（112）
第三节　外部知识、本地知识多样化类型对地区创新能力影响 …………（122）
第四节　产业集群如何向创新集群转变 …………………………………（133）

第六章　结论与研究展望 ………………………………………………（143）
第一节　主要结论 ……………………………………………………（143）
第二节　研究展望 ……………………………………………………（144）

参考文献 ……………………………………………………………（146）

后记 …………………………………………………………………（153）

引　　言

第一节　研究背景与主题

改革开放促使中国对外贸易和外商直接投资(FDI)迅速增长,同时也使国内制造业的空间维度特征发生明显改变,由过去集中于东北、中部地区,向东南部沿海地区集聚。而且为推动地区经济加速发展,中央及各地方政府出台大量吸引FDI和促进地方产业集群发展的相关政策,一方面维持强化现有产业集群的优势,另一方面通过设立各类工业园区,希望引入外国知名企业入驻,以此为核心培育本地新的产业集群。

目前,国内产业集群已经发展出不同的模式,例如浙江省以专业化分工为特点的"一乡一品,一县一业"的原生型集群成长模式,比较有代表的是温州的制鞋服装、乐清的低压电器等;上海和江苏在政府规划推动下,以发展大型工业企业为主,国资与外资合资合作,以及引进大规模外资项目的集群发展模式,例如江苏开发区产业集群和上海高新技术产业集群;而珠三角产业集群的形成,可以看作外资"嵌入型"的产业集群,由外资企业驱动形成,依靠广东地缘和低工资成本,发展外向型加工制造业。在不同模式的产业集群中,未来的发展方向在笔者看来是那些新兴技术产业,新兴技术产业以资本技术密集为主要特征,具有卓越创新能力的高技术制造业集群。而从目前我国技术发展来看,还无法独立自主创建出在世界范围内具有领先水平的产业集群,外资企业作为技术来源至少在现阶段是不可或缺的。在外资企业主导下发展起来的产业集群,如长三角电子信息产业集群、上海汽车产业集群,目前发展最为突出,影响也最大。而且现在许多大型跨国公司,如IBM、Intel、Microsoft、通用电气等,纷纷将研发(R&D)中心设在中国。根据OECD(2008)的统计,截止到2006年投资于R&D方面资金累计超过860亿美元流入中国,使中国逐渐成为研究密集型国家之一。因此,中国三十年间的经济高速增长,从因果关系来看离不开FDI流入和各类产业集群的大量涌现,而今后要做到可持续发展,制造业产业也必然向集约型、创新型转变。所以本书以中国FDI流入、制造业产业集聚和国内企业技术创新绩效作为研究对象,系统性分析三个变量之间的内在关联,并在此基础上展开实证分析,说明当前存在的问题和缺陷,并提出相关对策建议。

目前,我国在 FDI 引入政策,发展地方产业集群,鼓励企业技术创新方面做了大量的努力,在许多方面具有非常有利的社会经济条件。首先,我国制造业产业结构已经发生根本性变化,快速从改革开放初期的轻工业和原材料产业转为技术资本密集型产业,如通信设备、电子、汽车等产业,产业升级转型是必然的趋势。以出口商品结构为例,相关统计数据显示,1985～2011 年间,全部商品出口中制造品所占比重从 49%上升到 95%,技术资本密集的机械、交通运输设备制造业占出口比重从 3%上升到 47%;原材料产品出口比重从 36%下降到 2%。而且在低端制造业领域,中国企业在价值链生产中的功能已经开始转向研究、开发和设计等环节。如表 Y.1 所示。

表 Y.1 中国工业制造品出口情况 单位:10 亿美元

年份	1985	1990	1995	2000	2005	2008	2009	2010	2011
出口总额	27	62	149	249	762	1431	1202	1578	1898
制造品	14	46	127	224	713	1353	1138	1496	1798
比重	51%	74%	85%	90%	94%	95%	95%	95%	95%

资料来源:根据历年中国统计年鉴计算所得。

其次,从高技术创新产品的市场需求角度来看,目前中国消费者已经具备相当大的消费潜力,是高技术创新企业生存发展的必要前提。市场的规模、特征会直接影响企业发展战略,创新型企业需要一个足够大的国内或国际市场,消费者对新技术产品饥渴,愿意出高价购买,企业才能保持长期稳定的利润和增长。根据中国国家统计局的报告,2010 年中国 GDP 总量已经达到 6.04 万亿美元,已经成为全球第二大经济体,人均 GDP 接近 4300 美元。在我国"十二五"规划中,把缩小收入差距作为主要目标,这会进一步刺激居民消费支出上升。目前可以看到,我国大量富裕阶层对一些奢侈品消费排在世界前列,很多人显示出对高科技产品的特殊消费嗜好,例如,iphone 在中国拥有大量青少年消费者。中国的大规模、快速增长的经济也为国内高技术企业提供了一个难得的机会,中国移动是全球最大的移动通讯服务供应商,截止到 2012 年 1 月份已经拥有 6.55 亿用户;在设备制造方面,华为利用国内对电信设备巨大的需求,成为世界第二大供应商,规模优势使得中国企业能够在价值链生产中从购买国外专利向自主投资研发转变,这同样也会吸引知名跨国公司(MNCS)进入,为技术向国内企业转移溢出提供便利条件。从成本的角度来看,现在我国工资水平呈现出高速、稳定的上涨趋势,直接导致生产成本增加。2011 年 4 月份,美国劳工统计局发布报告显示,2002～2008 年,中国制造业的实际时薪上涨了一倍,而美国只上涨了 20%。工资的上升必然会刺激新技术的使用以及劳动力的专业化需求。

第三，政府政策吸引 FDI 进入，为发展地区产业集群提供制度保障。创新政策为国家的产业发展提供了战略方向，为保护国内市场份额和推动未来有增长潜力产业的发展奠定基础。在《2012 年中央政府工作报告》中，将提高利用外资质量，更加注重优化结构，引导外资更多投向先进制造业、高新技术产业、节能环保产业、现代服务业和中西部地区作为今后引资工作的指导方针。在 2012 年 1 月 30 日开始施行的《外商投资产业指导目录(2011 年修订)》中，新增加了 14 个行业的外资准入(其中 5 项是新的鼓励性产业，9 项是准许进入(之前是限制进入))，而且主要集中于环保、高技术产业领域。税收激励也被作为减少 R&D 投资成本的方法使用，在 2011 年中国税制改革后，内、外资企业享受相同的税收政策，但各地区在此基础上对外资企业继续给予一些其他形式的优惠政策，例如，上海就采取了返税税收优惠政策，而且对国家重点发展产业，如高新技术、软件设计、集成电路设计等行业的外资公司实行所得税减免政策。这些稳定性措施有利于外资研发部门的进入，也有利于创建一个良好的创新环境。跨国公司受到市场和政府政策的双重激励，纷纷将 R&D 中心设在中国，投资于 R&D 的 FDI 由 2002 年的 1.980 亿美元上升到 2009 年的 17 亿美元，从所占比重来看，已经从 0.4% 上升到 1.9%，当然可以看出，尽管增幅巨大，但绝对量还是非常低的。而且也应该看到，一方面外资企业扩大 R&D 投资范围，但在具体执行中主要是将一些不敏感的技术转移到中国，以利用中国技术人员相对欧美同行的低工资，而将核心部分仍然保留在本国内部。此外，地方政府在发展本地产业集群方面更是出台大量鼓励政策，地区之间为寻求集群发展展开激烈竞争。例如，上海杨浦区政府 2008 年提出了一系列优惠政策，诸如按投资金额给予投资补贴、税收减免、租金降低等，用以鼓励风险投资机构入驻本地。

第四，全国各类产业集群的蓬勃发展为国内企业带来盈利机会，更重要的是能接近先进技术，为 FDI 的技术溢出提供平台。从收益的角度，企业如果处于那些邻近核心市场的产业集群之中，能够减少到达市场的时间和运输成本，更紧密地与目标客户保持联系，从而有利于市场的开发维护。例如，上海、广州和武汉地区的汽车产业集群，能够从本地规模庞大、整体收入水平较高的市场中获益；而珠三角地区电子信息企业通过对邻近香港、深圳等地区高收入消费者需求状况的观察，提前获取市场信息。获取知识技术信息对集群内企业也是非常重要的，企业由于地理接近便于网络关系形成，这样会加速知识转移，尤其能为中小企业获得外部技术提供关键的支持。企业间通过技术模仿改进而形成差异化产品生产，竞争对手通过相互学习，实现技术扩散。尽管具有创新技术的企业往往抵制其他企业的技术模仿，但在世界范围来看，竞争企业的集聚，从整体而言更有竞争力是事实。此外，从成本的角度，产业集群减少了供应商、商业服务企业、金融机构和消费者之间的交易成本，更容易得到公共和私人提供的基础设施服务，例如，交通、通信网络，可以减少相应交易成本。产业集群整体技术水平会由于本地区能够吸引大批最优秀的技术人员而提高。最后产业集群往往会为本地区中投入产品和专用设备的供应商的支持合作带来更多机会,可以加速工艺秘密和技术诀窍在集群中传播。因此,虽然不能说产业集群的发展必然导致本地企业技术进步,但至少是为企业技术改进与创新提供基本的前提条件,尤其是那些新兴产业,需要和跨国公司保持密集联系,集群内部网络关系为其提供最重要的联系途径。

尽管目前具备不少有利条件,但是国内企业的技术创新还存在很多问题,主要表现在以下几个方面。第一,目前我国资金可以说是非常充裕的,外资企业的进入不能简单地从引入增量资金的角度来衡量,更应该关注的是伴随 FDI 而流入的技术知识。尽管近期我国开始将目光集中于那些世界性新技术,把大量投资倾斜到如纳米技术、新能源和生物技术等领域,但在之前很长一段时期,我国政府和企业为更迅速实现技术改进,将吸收利用发达国家现有技术知识,而不是自主知识创造,作为使用科研资源最有成本优势的方向。当然这是发展中国家的通病,这种思路直到近期才有所改变。根据 Bryan Miao(2011)的研究,中国长期依靠渐近式的产品改进,而不是关注基础性创新的原因,主要是和研发经费的分配方向有关。中国将研发支出的 80%以上,用于试验、改进、提高现有产品的外观和质量方面。相反,发达国家通常将大部分 R&D 支出用于基础性和应用性研究,这种类型的研究周期更长,风险更大,但是可能产生一些重大创新成果,推动新产品、新产业的诞生。从企业的角度来看,大部分国内企业在开始逐渐尝试放弃低成本竞争策略时,发现购买模仿现有技术来改善产品功能,比大量投资于新产品开发,更有成本方面的收益。因而,企业主要投资仍然在应用技术方面,将提高内部生产效率和产品质量作为主要目标,来应对工资上涨和其他企业的竞争。当然,目前中央和地方政府也投资于公共研究机构,包括雇佣国外研究人员、改善基础研究条件、提供研究课题资金等,这些措施已经开始改进我国在基础研究方面的能力。此外,目前有一部分国内著名企业在长期承接国外外包产品生产中已经取得一定的竞争力,并由于国内市场大量需求而具有生产的规模经济,发展出全球竞争力,例如,联想在收购 IBM 的 Think pad 部门后,已成为世界第二大 PC 生产企业。当然对大多数国内企业来说,还面临着规模较小,管理落后,缺乏自主研发能力,还不得不依靠政府产业政策保护来弥补企业竞争力不足的问题。

其次,在国内企业中,那些具有技术竞争力的企业经过长期研究学习国外企业先进技术,已经逐渐缩小技术差距,甚至在部分领域实现赶超,而这反过来引起外资企业的专利保护力度增加和技术封锁。例如,在半导体制造产业,美国一直禁止出售最先进制造技术给中国,限制出口用于制造最先进芯片的成套设备,结果导致中国制造商始终很难缩短差距。Slabe(2012)在一项对中国企业的调查中发现,许多企业高管认为,无法有效获得国外技术是发展的巨大障碍,这也说明了中国企业对模仿国外技术的依赖。目前我国有 90%的高技术产品出口是缺乏知识产权的,核心技术由外国发明和拥有(Gordon,2011)。所以技术模仿、吸收同样具有风险,依靠购买、模仿国外技术，随时会由于外国政府出口限制而减少，或者由于跨国公司提高知识产权保护力度而受限。因此，如果无法从事技术自主创新，国内企业很难提高在价值链生产中的地位。当然在一些产业中，国外技术出口限制有时也会失效，由于我国具有庞大消费市场，拥有先进制造技术的跨国公司会为了争取更大的市场份额，相互之间展开竞争。例如，最成功的案例是现在遍布全国的高速铁路网的建设，国外设备供应商为争取市场份额，不得不与中国企业结成合作伙伴关系，并进行技术转让，国内企业因而得以接触最核心的关键技术，并进一步开发出拥有自主知识产权的产品出来。但大部分行业中，外资企业进入通常只愿意采取外商独资企业的形式，他们认为核心技术的保护要比借助合作伙伴进入中国市场从长远来看更加重要。

因此，现阶段我国企业的技术创新仍然任重道远，在制度设计、企业经营理念、政府引导等诸多方面需要不断改进，尤其是如何促进产业集群向创新集群转变方面。FDI并不会自动带来技术溢出，这是早已被证实的，因此，FDI技术溢出、产业集聚再到本地企业技术创新之间很难直接认为存在必然的因果逻辑关系，但相互之间在一定环境条件和制度机制引导的情况下会相互促进，从而最终带动国内企业技术进步却是可以实现的。

第二节 研究的理论意义和现实意义

一、理论意义

本书将研究视角放在外资企业如何促进产业集聚形成，以及作为外部知识来源，如何在集群内部实现技术扩散，并最终对国内企业创新绩效产生影响，这一关系链条上。内生增长理论认为，技术创新是经济增长的源泉，其中外部效应对技术创新是有一定影响的，而FDI流入和产业集聚这两个现象都与外部性紧密相关。FDI和证券投资有很大不同，一般FDI会涉及技术和技能的转移，而资本本身并不是最重要的。关于FDI流入对本地产业集聚形成的作用机制及其福利影响，目前相关研究较少且争议比较大。造成这种局面的深层原因主要是，跨国公司所有权优势内在化企图和政府希望的外部经济之间存在冲突，内部化和外部化两种作用力，在产业集群内部产生冲突，从而使得最终影响结果存在不确定性。本书将FDI进入影响产业集群形成的途径概括为：声誉效应、自我强化效应和技术溢出效应，并进一步加以细化分析，探讨了各种不同的影响方式，这有助于更好地实现FDI外部经济。

关于FDI对国内企业技术溢出效应的研究，Romer(1990)认为伴随FDI的技术外溢是现代技术扩散的最主要途径，而不是各种正式的技术转让。Blomström和Kokko (1998)将FDI的作用渠道概括为竞争效应、示范效应、投入—产出有关的生产率改进以及对东道国企业的技术溢出几种形式。Navaretti和Venables(2004)按照传导机制对溢出效应进行了分类，他们将外部性分为两类：技术外部性和金钱外部性。金钱溢出是指包括本国企业和跨国公司使用本地企业提供的中间产品，这样跨国公司在产品质量、营销渠道、设计、物流等方面强化了本地供给者，而其他使用相同中间品的内资企业也从中受益。从创新动力机制的角度来看，FDI的技术溢出是明显的创新外部知识来源，为国内企业的技术创新提供接触最新技术的机会。本书在现有研究的基础上，归纳总结了FDI对国内企业创新的影响机制，从两个方面进行概括，即产业内、产业间的技术溢出和国内企业吸收能力，并按照不同类型进行实证分析，得出一些有启发的结论。

创新动力机制的另外一个来源是产业集群，关于地区发展的研究早已证实，地区竞争力的来源之一是本地产业集群，它是一种更灵活的生产组织方式，具有更高的专业化分工，能够保证产出的数量和品种灵活性，更有效地应对市场需求的变动。而且由于这些高度专业分工的企业集中，彼此通过生产交易活动和社会关系紧密联系，通常会带来正外部性，一些研究证明集聚有利于创新和学习过程。例如，Marshall(1890)认为企业能够获得集聚经济，主要表现为规模经济提高企业生产率。Duranton和Puga (2004)将作用的途径具体化为投入要素的搜寻、匹配等交易成本的下降，专业劳动力池，知识溢出等，使得集聚地区的企业能够获得相对其他地区企业的生产优势。集聚现象的产生不仅来自金钱外部性，技术外部性同样有影响，先进外资企业对国内企业而言，会产生不同程度的知识溢出效应，本地化的知识外溢也能产生特别的集聚和增长模式。现有大多数经验文献强调金钱外部性对经济增长和经济地理的巨大影响，而本书所讨论的新经济地理增长(NEGG)模型进一步扩展，研究在知识本地化溢出假设条件下，产业集聚的形成和对增长的影响。尽管在实证研究过程中，外资企业知识溢出很难被准确量化，但绝大多数结果都清楚表明其知识本地化溢出确实产生作用，会影响到其他企业区位决定、研发活动空间分布、产业集聚以及创新活动。

从产业集聚在创新扩散和溢出机制方面来看，其影响也是多方面的。从促进的角度来看，因为集群内部公共知识的积累会降低企业的研发成本。从抑制创新的角度来看，部分企业存在搭便车动机，或者采取技术模仿策略，会导致创新型企业无法获得全部创新收益，部分外企技术保护增加，或是研发激励下降。究竟是促进还是抑制作用占主导，还与集群的结构特征有关。在竞争的市场结构下，如果产业集群由大量中小企业组成，企业很难获得垄断收益，则知识溢出给本企业带来损失较小，那么知识具有高度的共享特征。而在垄断性市场结构下，领导企业知识溢出很可能削弱其垄断优势，那么此时企业就会尽可能限制溢出的发生，从而对其他企业创新带来负面作用。而目前国内很多外资主导的产业集群正是这类市场结构，这就背离了地方政府将提高本地企业技术能力，作为引入外资的初衷，我国各地区汽车产业集群就是一个非常明显的例子。本书在此部分主要是从实证的角度选取一些代表性行业，阐述对于高技术和中低技术行业来说，集聚多样化和专业化，以及 FDI 对创新绩效的影响。

最后关于影响产业集群创新因素的分析，目前比较关注区域创新网络对创新绩效的影响。区域创新网络可以被定义为：一个地区生产结构内，那些有利于创新产生的相关制度基础。产业集群仍然处于地区创新体系的核心部分，是创新产生的基础。在此基础上，地方政府、大学公共研究机构、专业化供应商、生产性服务供应商和商业协会为本地产业集群提供必要的协同生产体系，充分发挥产业集群的效率。而在所有主体之间，除了有显性的相互关联关系以外，创新绩效还与体系内部主体间非正式关联的密切程度有关，而这种非正式关系的建立和地区文化、价值观、企业家精神息息相关，因此，文化氛围是润滑剂，是协调所有主体积极进取的前提。本书归纳总结了各种影响地区创新体系的因素，并分析了我国产业集群在向创新集群转变过程中存在的主要优势以及存在的一些问题，在此基础上，提出一些相关的对策建议。

总之，本书认为：通过外资企业的技术溢出来带动国内企业的技术创新这一途径不会自动取得，传统经济学所认为的技术“涓滴效应”不会经常出现，或者说“涓滴”速度可能过慢以至于不能对创新效率产生显著的效果。外资企业技术溢出的实现还离不开产业集群这一平台，集群之中内、外资企业间的正式和非正式关系网络，与创新有关的其他协同体系建设，都会直接影响我国企业创新绩效。因此，要实现这一目标需要国家实施合理的公共政策和制度安排，在促进 FDI 的技术转移和带动本地产业集群的发展，以及产业集群向创新集群转变等方面有积极引导作用。

综上所述，本书的理论意义主要体现在：① 对相关概念进行全面梳理；② 运用多种分析方法对 FDI 技术溢出、产业集聚和技术创新各个环节的作用机制进行系统性归纳分析；③ 从行业和地区层面分析考察我国 FDI 技术溢出的影响程度，对 FDI 和不同类型产业集聚与国内企业创新效率进行实证检验；④ 分析我国产业集群向创新集群转型中的优势、劣势和实现途径。

二、现实意义

正如前面部分所论述的，通过外资企业的技术溢出来带动国内企业的技术创新这一途径不会自动取得，需要在制度设计、企业经营理念、政府政策引导等诸多方面不断改进，促使产业集群向创新集群转变。早在 2006 年的全国科技大会，中共中央国务院就发布了《关于实施科技规划纲要，增强自主创新能力的决定》，着力推进提高“自主创新能力、建设创新型国家战略”的实施。胡锦涛主席提出了中国未来15年的科技发展目标:在2020年建成创新型国家,使科技发展成为经济社会发展的有力支撑。中国科技创新的基本指标是,到2020年,经济增长的科技进步贡献率要从39%提高到60%以上,全社会的研发投入占GDP比重要从1.35%提高到2.5%。[①] 温家宝总理提出:自主创新,就是从增强国家的创新能力出发,加强原始创新、集成创新和在引进先进技术基础上的消化吸收再创新。加强自主创新是我国科学技术发展的战略基点。

在2012年党的十八大上,胡锦涛同志关于创新型国家建设进行总结并提出新的要求:转变经济发展方式取得重大进展,在发展平衡性、协调性、可持续性明显增强的基础上,实现国内生产总值和城乡居民人均收入比2010年翻一番。科技进步对经济增长的贡献率大幅上升,进入创新型国家行列……实施创新驱动发展战略,科技创新是提高社会生产力和综合国力的战略支撑,必须摆在国家发展全局的核心位置。要坚持走中国特色自主创新道路,以全球视野谋划和推动创新,提高原始创新、集成创新和引进消化吸收再创新能力,更加注重协同创新……从中可以看出,自主技术创新是今后国家经济发展,实现产业结构升级,提高居民收入水平的必然出路。同时对经济发展方式的转变也提出新的要求,指出形成新经济发展方式的“四个着力点”,可以概括为“着力激发各类市场主体发展新活力,着力增强创新驱动发展新动力,着力构建现代产业发展新体系,着力培育开放型经济发展新优势”。

结合本书研究主题,按照国内企业目前技术水平,在不断加强自主创新的基础上,借助外部现有技术可以缩短研发时间。而对于地方政府来说,将本地区与全球市场联结起来的最便捷的方法,是提供财政激励措施引进跨国公司进入,从而带动本地配套生产企业的建立。本地企业利用FDI作为进入国际市场和获得外部技术的方法。从世界范围来看,依靠引入FDI来培育本地产业集群发展的模式尽管也有不少成功的案例,但也有不少地区FDI很难与本地经济真正融合,无法产生真正意义上有活力、能自我维持的产业集群。这种类型的集聚通常具有不对称结构,集群的运作完全依赖于外资企业,这些企业成为本地投入要素的主要买家。尽管这样的投资也能产生经济活动的地理集中,但在任何意义上,这都不是“集群”,仅仅是一些国内企业向大型外资企业提供低附加值产品和服务。在这种情况下,部门之间、内外资企业之间很少能产生技术溢出,本地企业生产率提高是非常有限的。正如Morgan(1997)指出的,对FDI的补贴政策的设计主要是用来处理地区差距的结构缺陷,如失业问题等,而不是通常认为的提高外围地区技术发展水平这类原

① 目前世界上公认的创新型国家大约有20个,主要是美国、日本、芬兰等。创新型国家的特点是:创新综合指数明显高于其他国家,科技进步贡献率在70%以上,研发投入占GDP的比例一般在2%以上,对外技术依存度指标一般在30%以下。

因，因此，如果地方政府只顾及短期问题，就无法制定长期正确战略来最大化 FDI 的收益，以及维持地区经济长期发展。

除了外资企业根植性问题以外，对于我国来说，随着外部竞争压力的增加，如何通过促进地区产业集群的发展，提高产业集群核心竞争力，也成为各级地方政府面前的难题。而且现实的结果有时不符合预期，长期以来依靠外资流入带动国内企业技术发展的模式，在一些行业已经被证明是一厢情愿的想法，以汽车产业为代表的诸多行业"以市场换技术"政策可以说是失败的，这就迫使政府部门开始思考如何提升国内企业自主创新能力，而作为国内企业实现创新所需的主要外部知识来源的外资企业，如何提高外资企业的技术溢出，增强国内企业吸收技术能力，都成为目前产业集群发展必须考虑的问题。

综上所述，本书的现实意义主要体现在：① 通过对 FDI 对产业集群形成作用机制的分析，探讨 FDI 根植性问题的解决；② 通过对 FDI 技术溢出现实情况的研究，更好地为政府政策制定提供依据；③ 实证分析 FDI、产业集聚对国内企业技术创新绩效的影响，通过对不同类型行业和集聚状况的对比，从行业的角度探寻影响创新绩效的主要因素，为政府制定有针对性的政策提供参考。

第三节　基本概念的界定

一、产业集聚相关概念的界定

1. "产业集聚"的含义

竞争性企业通常趋向于在同一地理区域集中，例如，欧洲制表企业在瑞士集聚，时装设计企业在巴黎集聚。在美国，著名的产业集聚包括底特律的汽车产业，好莱坞的电影产业，纽约的金融服务，硅谷的电子信息产业。关于集聚的定义，由于出现很多不同的分类方法，定义越来越多样化，使得这个概念逐渐变得有些混乱，含义比较模糊。

Krugman (1991)在讨论地区专业化问题时认为，集聚是基于"专业化劳动力池优势、中间品、知识外部性"这三个因素而形成的。Porter (1990)提出的"产业集群"概念也类似这一定义，认为集群提供了竞争企业之间相互交流信息的机制，他将产业集群定义为"在特定领域中，同时具有竞争与合作关系，且在地理上集中，包括交互关联性的企业、专业化供应商、服务供应商、相关产业的厂商以及相关的机构，如制定标准化的机构，产业商会"。

Martin 和 Sunley(2003)认为，集群定义主要是强调地理接近、技术接近、生产互补、外部经济和类似社会资本这类无形资产。但不少学者认为这样的定义太过狭窄，更加具体化案例化，依赖于定性衡量。因此，De Propris 和 Driffield(2006)认为应该考虑更宽泛的集群定义，可以联系与集聚相关的三个主要特征：即地理接近性、产业专业化、以中小企业为对象。他们因此将集群定义为同一产业和相近产业部门内，一些小型或中型企业在地理上集中在一起。这样的集群内部还包括生产和社会网络，能够产生外部经济、知识溢出和创新。

本书对产业集聚的定义主要是依据 Porter 的定义，即来自同一产业或相关产业的企业、专业化供应商、服务供应商、相关产业的厂商以及相关的机构在地理上的集中。

2. 产业集聚和产业集群概念界定

通常所说产业集聚可以分为两类：其一是集聚多样化；其二是集聚专业化。集聚多样化是指不同产业的企业集中在特定地区，由于城市往往集聚了不同的产业，因此，集聚多样化往往也被认为是城市化经济。集聚专业化有两种表述，一种根据 Marshall 提出的产业区概念，定义为一个特定产业或部门在地理空间的集中。另一种是根据 Porter(1990)提出的产业集群概念，他将专业化的产业集聚称为产业集群，包括和供应链生产相关的不同机构，在地理空间上集中于同一地区，通常包括竞争对手、合作伙伴、供应商和消费者。此外，Porter(2000)将“集群”概念延伸为各种类型的集聚，无论是通过溢出作用，或者通过基于市场的交易，把那些提供更广泛互补性资产的各种机构组织包括在内。

一般关于专业化集聚最主要的特征是，来自同一产业或相关产业的企业在地理空间上彼此接近。需要注意的是，企业彼此之间有可能是竞争对手，因此，既存在集聚收益，也可能存在竞争对手带来的不利影响。但是与竞争对手在同一区位生产是定义集聚成立的必要条件。而且集聚专业化至少可以清楚地界定出一种行业，但一般在大城市中出现的产业集聚现象可能具有多样性特征，包括了几个不同类型产业集群，Jacobs(1969)就强调产业间知识转移的收益，以及其他来自产业多样性的收益。

除了以上两个比较常见的概念，还有一些如“企业集群”“区域集群”的提法，现在很多学者将两种概念混合使用，由于两者并没有实质上的差别，基本上是可以归入 Porter 定义的“产业集群”，因此，本书将“产业集聚专业化”或是“产业集群”视为同一概念。

二、知识溢出相关概念的界定

1. 显性知识和缄默知识的定义

Polanyi(1966)将知识分为两类：显性知识和缄默知识。他将缄默知识定义为：与所处环境、个人理解、认知能力有关的知识。他认为缄默知识具有“个性化特征”，一般需要个人之间相互交流表达出来。相反，显性知识是指编码知识，可以借助于正式语言文字传播。Nonaka等(1994)为说明知识的创造过程，将缄默知识转化为显性知识的过程称为“外在化”过程，同时，将显性知识转化为缄默知识的过程定义为“内在化”过程。缄默知识的获取并不容易，有几个原因：第一，可能是缄默知识所有者无法表达出来，即非编码知识；第二，这类知识分散于社会、文化环境之中；第三，具有专用性，只对于部分群体才具有意义；第四，要求个人具备一定经验和理解吸收知识的能力才能掌握，并融会贯通。

发明和创新作为知识生产过程的结果，包括了显性和隐性知识。根据Baptista和Swann(1998)的说明：“技术知识通常都具有缄默知识的性质，不能通过科技论文、指导、计划、规划之类完全编码化，因而可以合理预期创新具有更强地理集中趋势。”他们认为，新技术的学习，特别是新技术处于早期开发阶段时，只能发生于不断地使用，日常非正式和创新者的接触过程中。这可能是潜在形成集群的原因之一。因此，通常认为知识存在本地化溢出现象，即非正式、非编码的新知识在本地的流动要比远距离方便得多。Corno等(1999)也提出技术集群有利于缄默知识的转移，借助企业间复杂的网络体系，能够作为一个平台提升个人或集体知识，为不同专业参与到知识生产过程，并交流缄默知识提供便利。

2. 知识溢出的含义

Levin和Reiss (1988)将溢出定义为企业投资于R&D而产生的副产品。通常知识溢出是一种非意愿性知识传播，超出自愿范围之外。在个体相互接触中，都存在潜在知识交换，如果是相互自愿的个人和机构间的交换，就可以称之为“知识转移”，而非自愿的转移则被称为“溢出”。缄默知识一旦显性化，就会被更多人使用，从而导致更多创新出现。因此，共享知识能够导致溢出发生，以及知识外在化。反向技术工程是一个很好的知识外在化的案例，当一个企业投资于R&D，未来有可能带来创新产品，企业目标当然是获得创新利润。然而竞争对手利用反向技术推导获得所需知识，专利又无法提供全面法律保护时，企业抵抗技术溢出的动机就会很强烈。

一般缄默知识的传递只能是在个体交流层面，这是很重要的，而显性知识可以在个人，企业甚至国家层面交流。企业间的交换一般是那些技术手册、说明书、产品流程之类的显性知识。国家层面的显性知识交流主要是技术转让协议、教育培训以及进出口产品。缄默知识的溢出有利于或是会阻碍企业发展，例如，当企业将研发中心放在一个产业集群中，就可能会从其他企业的知识溢出中受益。因为员工之间存在相互交流，将一些专有知识转移到集群中的其他企业。此外，知识转移还决定于接受者吸收能力大小，企业吸收知识的能力依赖于员工的培训和经验。所以企业在研发方面的投资，还会提高吸收其他企业创新的能力，这被认为是最有效的溢出途径。

三、产业集聚中“邻近”概念的扩展

产业集聚意味着不同企业空间距离的缩短，事实上，邻近作为一个多维概念内涵十分丰富，通常包括地理、认知、组织、社会和制度维度(Boschma，2005)。因此，邻近并不是仅仅指物理和地理的紧密程度，越来越多的学者开始强调在知识溢出过程中，邻近概念中其他维度的影响。例如认知维度，Molina-Morales(2011)将认知邻近定义为集群内各种组织的文化同质性，如共同语言、共同社会规范和价值观各个方面相互接近。Giuliani 和 Bell(2005)认为集群具有复杂的经济与认知空间结构，集群内企业之间通过共同特定知识背景建立知识链，从这一角度集群本身就说明企业间的邻近性。

企业之间，尤其是外资企业和国内企业之间的认知接近有助于形成 R&D 和创新所需要的软环境，这一维度的邻近可以用概括为主体感知、理解、评价等因素，更宽泛一些的说法包括共同文化、价值观、风俗习惯、社会规范、惯例、目标这些因素。也就是说，面对面接触是需要一定程度相似的认识判断和理解能力为前提。从这一角度，不同企业在认知方面相互接近可以形成共同的参照系，这样在转移和获取知识方面更加具有效率。因为知识生产和学习在一定程度上需要那些不同特征的主体在信息、知识结构和研究视角方面相互补充，提高多样化能力(Nooteboom，2000)。认知接近不但便于获取来自外部环境的知识，而且可以提高企业的吸收能力。实际上，地理和认知邻近在一定程度上是相似的，因此，根据 Boschma (2005)的研究将地理邻近和认知邻近结合起来，将产生一种协作氛围，有利于企业间互动学习，有利于创新产生。

四、创新相关概念

Schumpeter 在他的《经济发展理论》(1934)一书中提出关于创新的定义，现在仍然构成研究创新的最基本标准，他将创新定义为生产要素的“新的组合”，也就是，生产新产品，引入新生产过程，开拓新市场，采用新原材料和中间品，生产重新组织。一般定义都是基于 Schumpeter 的方法，例如，Malerba(2002)将创新定义为新思想、新科学发明或新技术，及其商业化过程。此外，从创新的程度划分，还可以分为渐进式创新和基础性创新。渐进式创新是对现有产品、生产过程、服务的改进，是在原有基本设计、生产工艺或现有需求范围之内实现的。而基础性创新则是对现有产品、生产过程根本性突破，经常会带动新产品和新市场的出现。基础性和渐进式创新可以被看做是两种极端，但在实际中区分也有困难，通常只能做出事后的区分，因为一项创新对经济系统的影响往往在事前是无法知道的。

尽管经济全球化进程已经波及世界各个角落，但绝大部分的创新活动仍然集中于少数国家，而从我国内部来看，创新活动明显集中于东南沿海地区。一些学者认为，随着互联网等信息通信技术的兴起，以及编码知识普及，由于可编码知识能够被长距离传输，使得面对面的交流沟通作用下降。因此，创新在一定程度上并不需要研究人员相互接触作为必要前提，先进的通讯技术能够将地理距离遥远的参与者连接起来，这样即使创新企业没有在地理集中，也能进行知识的交换，因此，认为创新有扩散的趋势。但实际情况是尽管知识转移的成本在降低，但少数创新能力强的地区在全球价值链生产以及创新网络中仍起到核心作用。

学者们通常将创新行为定义为一种社会嵌入活动，是不同组织机构间持续的相互作用、交流知识的结果。经济地理学家一直认为，由于缄默知识的特性，这些互动行为经常发生于狭小地理空间范围内，也就是地理集中的机构之间。这样地理接近可以便于交互式学习，通过邻近的个人和机构之间相互交流缄默和显现知识，有利于新思维、新理念的产生。所以创新可以说是一种特定的知识共享，是一种社会过程，受到软、硬制度作用影响，如文化、习惯、惯例，以及法律和规章。大多数制度具有很强的地区特征，特别是那些软制度。同样的产业，在同样国家制度框架内，由于地区性制度体系不同，可能在地区层面会表现出很大差异。

第四节　研究目的与方法

一、研究目的

本书在界定产业集聚、技术溢出和创新相关概念的基础上，分析了 FDI、制造业产业集聚与技术创新之间的理论关系，度量 FDI 对国内企业技术溢出，以及不同类型产业集聚对创新绩效影响，并从不同角度分析国内企业技术创新所具有的优势、劣势和解决方法，试图达到以下目的：

(1) 加深人们对 FDI 技术溢出和对产业集群形成机制的理解。虽然关于 FDI 的技术溢出的概念早已在中国被广泛研究，但是人们对它在不同时间阶段的作用还有争议。FDI 对国内产业集群形成过程中的作用的研究也不够充分。因此，本书在充分吸收近些年国内、外学者的研究成果基础上，系统的梳理了有关 FDI 技术溢出和在形成产业集群中所起到的作用。并且利用我国 2000－2010 年的地区、行业层面的数据进行实证研究，分析了不同类型 FDI 对不同类型地区技术溢出的影响程度。这些研究对我们回答什么是 FDI 技术溢出，FDI 技术溢出对国内企业的影响程度，中国制造业产业集群形成过程中 FDI 起到何种作用，等等问题具有一定的帮助。

(2) 理解 FDI 和产业集聚对创新绩效的影响的机制和作用。FDI 是我国企业技术创新所需外部知识的主要来源，而产业集群内部由于具有密集的关系网络，有利于外资企业和国内企业之间的知识转移和溢出，这也是集聚外部性的来源。在中国改革开放的过程中，关于引入外资企业和发展产业集群方面存在两种错误的倾向：要么过于强调 FDI 对国内企业技术进步的贡献，希望通过提供各类服务，如基础设施、税收优惠甚至是市场份额，来获取外资企业的技术和管理经验，而忽略了如果单纯依靠外部技术，当技术转移、溢出机制无法实现的后果；要么在发展产业集群过程中强调集群硬件设施供给，而忽略集群内部不同主体正式和非正式关系网络的建设。无论哪一种结果，对于国内企业技术创新来说，都会受到很大的影响，基于我国长期经济发展，FDI 技术转移、技术溢出和国内企业技术进步虽然说，随着我国竞争力不断增强，出现越来越多的限制和反限制矛盾。但由于我国不断扩大的市场份额和居民消费，合理的对待外资，通过不同措施的引导，理顺外部知识溢出的机制，将会有利于产业集群向创新集群转变。为了阐明本地化知识溢出、集聚与增长之间的关系，本书利用 Boldwin(2002)模型分析，在知识本地化溢出假设基础上，集聚和增长之间必然存在正向关联，空间距离接近，并且主动接触创新集群将有助于提高生产率，发明和创新的效率，结果集聚可以说是知识扩散和经济起飞的副产品，集聚和增长之间是相互强化的。为了更深刻的说明三个变量之间相互作用机制，本书在基本理论基础上，进行了归纳总结，对作用机制进行整理分析。

(3) 本书最后运用中国 13 个分行业 2000～2010 年的面板数据，分析了不同类型集聚对国内企业技术创新的影响，以加深我们对技术创新影响因素作用的理解。对于如何促进我国产业集群向创新集群发展，本书对我国目前产业集群存在的优势、劣势进行了总结分析，对于一些环节的缺陷，提出相关改进政策。

二、研究方法

为了充分论证本书关注的问题，实现本书的研究目的，本书主要采用了以下研究方法：

(1) 理论分析与实证分析相结合。本书既有遍布于各个章节的关于 FDI、制造业产业集聚和技术创新之间的理论分析，又有数理模型对三者关系进行的理论分析，主要体现在第二章对知识本地化溢出假设前提下，产业集聚对增长关系的分析上。除此之外，在第三、四、五章还分别运用分行业和分地区面板数据对 FDI 的技术溢出，以及 FDI、产业集聚对技术创新影响进行了实证分析。

(2) 综合运用发展经济学、新经济地理学、新制度经济学、计量经济学和统计学等多个学科知识来分析中国改革开放以来，尤其是 2000 年以后，在追求技术创新过程中，FDI 所起的作用以及所面临的挑战和未来的发展道路。例如，运用新经济地理学模型来分析知识本地化溢出对集聚和增长的影响，归纳分析各个环节的作用机制，运用GMM广义矩的方法考察几个变量之间的动态影响，运用统计学和计量经济学分析我国FDI、产业集聚和技术创新的变化过程，以及国内企业技术创新所面临的问题等，这些都在文中都得到了明显体现。

第五节　基本框架与可能的创新

一、基本框架

本书一共分成五个部分，各部分的主要内容和对应的章节安排如下：

第一部分是研究背景、研究意义、研究目的、研究方法、研究框架、基本概念的界定和相关文献综述。这部分包括引言和第一章文献综述的内容，是全书理论和实证分析的前提。

第二部分是基本理论的分析，用新经济地理增长模型（NEGG）分析，对应第二章的内容。这部分是在前面基本概念界定和文献综述的基础上对知识本地化溢出条件下，集聚和增长关系的分析。

第三部分是关于FDI对产业集聚形成机制的归纳分析，包括用统计数据说明FDI、产业集聚数量结构变化，对应第三章的内容。

第四部分是经验研究部分，包括FDI技术溢出影响的机制总结和实证分析，对应第四章的内容；还有FDI、产业集聚对技术创新的影响分析，对应第五章内容。

第五部分是结论与研究展望，该部分对全书形成的主要结论进行总结，并指出本书的不足和进一步研究的方向，对应第六章内容。

综上所述，本书五个部分之间存在内在的逻辑联系，全书以“背景分析→概念界定→理论分析→作用机制分析→实证分析→总结”为主线展开。

二、可能的创新

本书对FDI、产业集聚与技术创新之间的关系进行了严密的理论分析和经验分析，可能在以下方面有所创新：

(1) 对目前国内外关于知识溢出、集聚和创新概念的论述进行了全面综述，在此基础上通过GMM方法进行实证研究。

(2) 主要从FDI对产业集聚形成的作用机理进行归纳总结，目前国内对此方面的研究主要集中于包括产业集聚在内的一些经济地理特征对FDI吸引的分析，本书这一部分的研究比较少，但在此基础上进行了分行业、分地区的实证研究，在行业和地区层面的分析结果更加贴近实际，在此基础上得到的结论会更具现实意义，这也是本书的创新之一。

(3) 综述了新经济地理模型和新经济地理增长模型关于产业集聚形成的原因机制，分析了知识本地化溢出假设下产业集聚形成和增长之间的关系，这也是目前相关领域比较新的研究内容。

(4) 利用跨度为 2000～2010 年的分行业的数据，就 FDI、产业集聚对技术创新的影响进行了实证分析，利用新的数据对相关研究进行验证，得出更精确的研究结果。

第一章 文献综述

按照引言部分第二节的分析，FDI是创新外部知识来源，本地产业集群在创新动力，以及创新扩散、溢出机制中发挥了巨大作用，产业集群内部企业、公共研究机构、大学、服务供应商、专业化供应商相互之间的网络关系对创新活动有巨大影响。因此，FDI、产业集聚和技术创新三者之间存在密切的关联。本章主要介绍与FDI、产业集聚和技术创新有关的基本理论，以及相关领域最近的研究进展，为后面的理论分析提供基础。

第一节 外商直接投资相关理论的研究

FDI和证券投资是不同的，一般认为FDI会带来技术溢出效应，不仅仅是简单的增量资金。在本节将研究和FDI有关的理论，首先是通过国际生产折衷理论说明FDI产生的原因，然后分析伴随FDI的技术溢出的原因，以及东道国吸收能力的影响。最后说明FDI在东道国技术溢出的动态过程。

一、FDI的产生和国际生产折衷理论

1977年，英国学者Dunning在其代表作《贸易，经济活动的区位和跨国企业：折衷理论方法探索》一文中提出了"国际生产折衷理论"，此后他又在《国际生产和跨国企业》一书中进一步解释[①]，该理论成为研究FDI产生的基础。他将企业对外直接投资所具有的优势概括为：所有权优势（Ownership）、特定区位优势（Location）和市场内部化优势（Internalization）三要素。

国际生产折衷理论认为，一个企业要进行对外直接投资，必须满足以下三个前提条件：① 企业要具有特定所有权优势，主要是技术优势、组织管理能力以及其他无形资产的形式；② 因为所有权优势不能完全解释企业对外直接投资的原因，所

① 事实上，早在1958年，Dunning就开始关注美国在英国制造业的直接投资，并开始探讨是否美国企业相对英国企业具有某些特定所有权优势，并且进行跨国界的转移。

以用内部化优势说明企业为什么选择 FDI，而不是以生产许可证的形式将所有权优势出售、出租给国外企业使用的，选择 FDI 可以扩展了现有价值链生产，增加企业收益；③ 如果企业具有所有权和内部化优势，为什么企业选择 FDI，而不是在国内生产并出口？因此，还需要引入区位优势来说明，东道国在投资环境方面具有一些区位优势。

Dunning 认为，国际生产的特定所有权优势、区位优势和内部化优势之间存在相互依赖的关系，三种优势的结合可以理解 FDI 的产生。首先，所有权优势可能来源于国家、所在产业和企业。主要表现在以下几个方面，一是技术优势，如生产诀窍、销售技巧和研究开发能力等方面的优势，企业拥有一些竞争对手无法得到的关键资源，长期 R&D 投入带来的排他性专利和商标等无形资产。这些资产所有权优势会构成竞争障碍，使企业获得垄断的市场力量。Dunning 认为，所有权优势不仅来自于排他性拥有的资产，而且企业有将这些资产国际化使用的能力和意愿，通过 FDI 的形式这些资产可以被最大程度使用；二是企业规模优势，大企业通常具有垄断能力，更容易向外扩张，而且在企业内部发生的全球化交易，本身就可以产生降低税负的机会，例如，利用子公司之间的产品最优转让价格的形式。生产成本的降低或者是由于作为垄断买方可以以较低价格购买生产原材料，或者企业资金使用成本较低；三是企业拥有的组织管理能力在 FDI 中能得到充分的发挥。跨国公司一般采用垂直一体化的生产方式，在全国范围内组织生产，可以利用不同地区的竞争优势，因而具有市场方面的规模优势①。

其次，内部化优势主要是为避免市场不完全的影响，企业将拥有的资产加以内部化可以维持企业所拥有的所有权优势。市场不完全主要表现三方面：其一是签订和执行合同需要较高费用；其二是对拥有的技术价值的不确定；其三是需要控制产品的使用。Dunning(1988)将市场失灵分为结构性市场失灵、认知市场失灵以及由公共部门介入导致的市场失灵。结构市场失灵的产生是因为存在自由竞争障碍，导致交易成本过高，企业带来的外部经济很难完全拥有。认知市场失灵的产生是当产品或服务信息在市场无法取得，或即使得到但不得不支付很高的成本。公共介入带来的市场失灵主要表现在资源分配方面，这也会刺激企业将中间产品市场内部化的动机②。Dunning(1988)认为，如果没有市场失灵，将不会存在产生 FDI 的动机，国内企业生产连同必要产品进口，就可以满足所有国内市场需求。Horstmann 和 Markusen(1987)发现，FDI 的动机也与监督代理人成本过高有关，很难保证许可经营不影响许可企业的声誉。因为知识资产具有公共品属性，一个

---

① 当然跨国经营也存在一些问题，比如不同国家的文化差异、东道国和母国不同的商业环境等，也会成为企业所有权优势在国外使用的障碍。

② 此外，科斯(1937)的企业理论也可以应用于跨国公司，由于市场不完全，除了常见的因为协调、通信、控制、管理的不便而引起交易成本以外，还包括企业内的国际化交易成本，这有可能是由规避东道国法律引发的。

企业将自身专业知识特许其他企业去使用，有可能培养出新竞争对手。这样为阻止特定所有权信息成为公共知识，跨国公司可能决定采用 FDI 的方式在企业内部来转移技术。对于 FDI 采取的形式，可能采取飞地投资，或者是直接收购的形式，Gilbert 和 Newbery(1992)实证研究发现，对于进入模式的选择而言，在那些行业集中度高的地方，更倾向于新的投资。根据 Dunning(2003)的研究，跨国公司会利用跨国收购来增强自身所有权优势，并争取融入现有竞争者、供应商、消费者的环境，以及东道国教育和创新体系，来争取得到技术和市场协同效应。根据 UNCTAD(2000)的世界投资报告，获取战略性资产，如 R&D、技术诀窍、专利、商标、拥有当地许可证和执照、供应和分销网络，也是目前跨国公司并购的主要原因，在一些市场，并购可能在进入国外市场方面成本更低，速度更快。根据 Buckley (1985)的研究，跨国公司内部化企图可能会导致新的进入障碍，它有可能既是市场不完全的反映，也是产生的原因。跨国公司特定所有权优势与 R&D 沉没成本、大规模生产设备、市场开发、专利、商标有关。此外，进入国外市场的成本，如交通、搜寻信息、广告等，不一定能得到补偿。因此，所有权资产就构成最初企业先发优势来源，也将阻止本地企业进入。

第三，区位优势是指东道国对投资者来说，在投资环境等方面所具有的优势。通常东道国区位优势除了有利的自然资源之外，还包括低劳动力成本。一些理论强调地区的区位黏性，主要指本地的知识和制度要素①，还包括非贸易相互依赖性，即传统习俗、非正式规则、习惯等，也构成特定区位优势。东道国区位优势还与市场规模有关，市场规模取决于集聚力和分散力，生产成本(规模经济)与交易成本(与运输关税有关)相互作用的结果。生产中内部规模经济越大，交通成本越低，则企业将有可能在特定地区集中。根据集聚理论，外部规模经济也对企业区位选择有重要作用。外部经济既包括技术外部性，也有金钱外部性。技术外部性的表现之一是知识溢出，也就是说一个企业获得其他企业竞争能力，而无须为此付出成本。共同的劳动力池有助于这类知识溢出，相同或相关行业的企业在特定地区集聚，会促进劳动力池的发展，技术工人所具有的技能在改变工作时随着转移。此外培训、专业的教育，均可由于相对集中的本地需求而产生外部经济。金钱外部性被假设是通过市场机制发生作用的，而且与前、后向关联的企业之间存在正向相关关系。前后向关联、技术外部性、沉没成本被认为产生自我强化的经济活动集中②。例如，对某类中间产品需求增加，供应商越容易达到规模产量，从而获得内部规模经济。这反过来可能降低产品价格，就会对其他使用此中间产品的企业产生金钱

---

① 根据 Maskell 和 Malmberg(1999)的研究，制度禀赋应该从更广的角度定义，包括法律、经验、惯例、习俗、传统、风俗，这些与相应地区资本、劳动、土地资源的供给，以及地区产品和服务市场。还包括企业家精神，精神信仰，政治传统，文化、宗教、地区价值观

② 参见 Fujita et al. (1999)；Henderson et al. (2001)；Krugman (1991)研究

外部性，他们的生产率可能不变，但利润会增加。离心力则存在相反作用，根据Henderson等(2001)的研究，离心力的来源包括三方面：第一是拥挤产生的负外部性；第二是固定要素的供给价格会大幅上升，这会促使企业转移到要素成本更低的地区；第三是市场范围受到地理上需求分散的限制，这样如果劳动是分散，就会使企业因为供给、需求两方面原因选择分散化生产。

根据以上讨论的国际生产折衷理论，所有权优势、区位优势和内部化优势的不同组合，不仅能说明跨国公司是否具有直接投资的优势，而且还可以说明企业选择的营销途经，如何建立优势。表1.1是Dunning提出的选择方案。

表1.1　跨国公司投资选择

方　　式	所有权优势	内部化优势	区位优势
对外直接投资(投资式)	√	√	√
出口(贸易式)	√	√	×
无形资产转让(契约式)	√	×	×

从表1.1可以看出，企业要进行对外直接投资，必须同时具备所有权、内部化和区位三种优势；而产品出口就只需要具有所有权、内部化优势两种优势；当企业只拥有所有权优势，就只能采用技术转让的方式。还可以看出，如果企业要取得最大收益，同时占有三种优势所带来的收益，就必须选择FDI方式；如果只选择产品出口，就会丧失区位优势收益；如果只是技术转让，那企业就失去了内部化和区位优势的收益。

二、FDI与知识溢出

1. 知识的转移和吸收

首先，知识的缄默程度有很大差别，对于知识传播来说，缄默性越大的知识，则面对面交流越重要。这说明，无法编码的知识地理集聚程度高。因为由于缄默知识很难编码，因此，难以完成远距离传播，它与社会制度环境有很强的相互关联，这一特征使得缄默知识具有地区黏性。其次，知识作为一种准公共产品，还具有规模经济特征，这是由于知识生产过程中往往需要投入巨大的固定成本，而在使用时没有质量和程度的损失。因而有时假设将知识转移到其他企业的成本，相对研究新知识的投入来说可以忽略不计，也就是假设知识应用的边际成本是很小的。

具有这些特点的知识，例如，当技术很复杂，接受企业不具有必需的能力来吸收新技术，或伴随很大的转移成本时，都使得知识的转移并不容易。一般可以把和知识技术诀窍转移有关的成本分为两类：转移(传递)成本和吸收成本。当知识在人群中传播时，企业具有的人力资本，包括社交能力、培训、技能、工作经验、创造性，对知识转移和吸收非常重要。Cohen和Levinthal(1989)定义企业吸收能力为

"一个识别、吸收,利用来自外部环境知识的能力"。例如,东道国企业R&D就具有双重意义,不仅会激励国内创新,而且会强化企业吸收利用外部知识的能力。企业自身认识、评价、谈判,并最终使用潜在技术的能力也非常重要,Teece(1977)强调接受企业技术以及管理能力,他认为除了R&D活动外,长期生产经验也非常重要。此外,吸收能力随企业规模扩大而上升,因为大企业通常具有多样化技术和管理能力,这些为技术转移提供支持。Abramovitz(1986)说明了发展中国家要追赶技术领先国家需要具备的能力,他认为社会能力非常重要,社会能力是由教育体系、工业特征、商业金融组织、竞争和创新开放程度、劳动市场灵活性、劳动力的产业分布、影响国内和国际迁移的因素,以及宏观经济和金融条件决定的。

吸收能力并不是静态现象,当然在一国吸收能力和FDI之间相互依赖。FDI能够强化技术积累,可以看作逐渐学习的结果,学习在本质上是积累,因为学习能力依赖现有已知的各类知识。在现有技术基础上,通过干中学、用中学的过程,技术在生产过程中产生和使用,这一过程发生的程度依赖于外资企业。

2. 跨国公司知识溢出的原因

大多数发达国家R&D活动是由跨国公司主导的,并且大部分发生于技术密集型产业。根据UNCTAD(2005)的统计,跨国公司承担至少三分之二的R&D支出。跨国公司内部知识的生产可以分为两类:分散化应用R&D和高度本地化基础R&D。应用R&D包括生产、加工、材料改进等,以达到政府、市场或东道国生产条件的要求。Patel和Vega(1999)发现改进产品、加工、材料来符合外国市场要求,为海外生产企业提供技术支持是技术国际化的主要原因。跨国公司的基础研究活动主要是在母国内完成,这归因于大量基础性研究,或者由于长期历史投资,或者是政府政策干预。很显然跨国公司自主知识和能力,会通过公司内部国际化交易来保护,尽量避免转移到竞争对手。另一方面,因为缄默知识并不容易远距离传播,这些知识在母国得到发展。此外,交易成本和制度因素也用来解释为什么大多数基础研究在本国内部进行。

然而近些年,基础性研究活动也有分散化趋势,并且逐渐开始在发展中国家进行(UNCTAD ,2005),跨国公司越来越频繁和东道国开展R&D合作。UNCTAD的研究报告说明大多数国际R&D合作发生于少数产业,如化学、制药、汽车、电子等。国际化的程度在化学和制药产业最高,因为这些产业的专利体系是最完善的。尽管在美英的企业仍然是外国R&D活动主要接收国,但是跨国公司海外R&D在发展中国家也有巨大增长,主要是在印度和中国。此外,除了应用R&D和技术获取型R&D外,创新型R&D在发展中国家的增长也很快。

什么原因促使跨国公司研发活动向东道国的转移,尤其是中国这样的发展中国家。首先,如果R&D需要较高的技能、知识和支持,传统上只有发达国家能够提供,因为他们具有很强能力的国家创新体系。此外,R&D是很少被采取模块化运作的经济活动,因为涉及企业战略性知识和大量缄默知识,在企业内部、客户和生产者之间,以及本地集聚区内部企业之间,需要密集的知识交流。跨国公司选择

FDI的形式，是为了保护企业核心技术知识方面的竞争力，这主要是与那些编码知识和非专利知识有关。原因是缄默知识并不容易转移，企业将较少担心此类知识在远离本国的竞争者之间扩散。伴随FDI的知识溢出有不同原因，跨国公司为发挥自身所有权优势，不得不将一些重要的能力和内部文化通过在职培训的方式传递给本地员工。尽管有可能出现本地员工利用在外资企业获取的知识进行自主创业，但因为存在进入障碍，大多数此类新企业并不会对跨国公司造成真正威胁。跨国公司在生产中存在巨大的规模效应，以及品牌、全球销售网络，新企业会发现由于缺乏资源，挑战现有企业是非常困难的。其次，一些跨国公司需要进入东道国创新体系，以便获得接近东道国特殊资源能力的机会。FDI可能在初期具有很高的创办成本，此外，还要面对东道国不确定的经济制度环境，所以和本地企业合作能降低风险。尤其是在那些技术发展迅速的行业，新进入东道国的跨国公司既无技术，也无能力去监督，因此，合作可以解决这类问题。当技术成熟，企业面临的不确定性消失，跨国公司可能会通过并购前任合作者来阻止知识转移的发生。第三，根据Narula (2002)的分析，R&D通常具有相对较高的沉没成本，因此，知识密集型投资活动具有很强的路径依赖，企业会被先前企业的成功所引导，被锁定于特定的路径，要避免被动锁定的局面，常需要与新合作者合作。因此，跨国公司在东道国R&D活动的增长，可以归因于以下几个因素的刺激。一是减少沉没成本和风险；二是潜在竞争对手缺乏能力；三是获取东道国特有知识资源。

近些年来，中国吸引大量FDI流入，跨国公司R&D活动的转移也逐渐增加，这一现象的解释可以从集聚的角度来理解，积聚力量可以创造出适当环境，有利于提供R&D所需的必要劳动力。例如，大学和职业技术学院，可以提供具有受过良好教育的劳动力，而且劳动力成本也相对较低。当然国家创新体系的建设也是非常重要的，不但对于知识的产生，而且使跨国公司在和母国类似环境来保持基础研究都很关键。创新过程现在越来越表现为社会组织学习过程，创新已经越来越根植于不同经济主体，如企业(消费者、供应商、竞争者)，研究机构(大学、其他公共私人研究机构)，公共中介机构(技术转移机构、发展机构)，这些主体之间相互作用并进行知识交流，成为一种持续性互动的过程。

三、来自FDI知识溢出的动态过程

1. FDI对东道国知识溢出的途径

通常认为FDI是知识溢出的来源，并假设有助于东道国提高生产率和经济增长①。当东道国处于不同发展阶段时，来自FDI的技术溢出被假定存在倒U形曲

① 相关研究分别在不同学科展开，包括经济地理(Krugman，1991)，内生增长理论(Romer，1986，1990；Lucas，1988；Grossman & Helpman，1991)，经济增长赶超理论(Abramovitz，1986)，跨国公司特定所有权优势理论(Hymer，1976；Dunning，1988).

线，但相关实证结果并没有给出明确的证据证实这一假设。这可能与方法的选择有关，也可能是所选择的时期、部门或国家等有关。东道国产业的发展阶段，以及母国的状况，接受国和投资国之间的企业技术差异，以及东道国企业的吸收能力，这些因素都可能会影响到发生在东道国的知识创造的类型。东道国和母国投资发展周期理论提供了理解 FDI 动态的框架。根据该理论，当东道国在发展的第一阶段时来自 FDI 的知识溢出相对较低，而当东道国达到中等发展程度时，溢出达到最大值；在此后发展阶段，因为东道国和本国达到相差不多的技术水平，知识溢出被假定会下降。

FDI 对东道国溢出存在四种外部性。首先，存在与知识公共品特征有关的外部性（第一类），知识在国家之间的转移途径包括移民，R&D 合作，对内、外 FDI，还有国际贸易。贸易溢出的机制主要是借助于先进技术设备贸易而体现出的技术活动，而且双边贸易流动可以伴随信息和通信的传递。第二，东道国经济可能获得社会报酬递增，因为外资企业引入现代技术，将带来价值链下游的企业和消费者更大收益（第二类）。第三，作为与外资企业有关的前后相关联本地企业，可能被推动或刺激来改善劳动生产率，竞争的强化迫使企业采用更有效率的生产方法，或更努力的工作（第三类）。第四，跨国公司可以提供基础设施和生产相关条件，这是集聚经济形成的基础条件。此外，当跨国公司作为中间产品来源，则可能促进国内企业的创办，这再一次对东道国最终产品生产企业具有正向作用（第四类）。

2. 用投资发展周期理论来理解溢出的动态过程

根据 Dunning 和 Narula（1996）研究，投资发展周期理论说明，一个国家对外、对内 FDI 的地位是与其经济发展有系统性关联的。此外，他们认为国家有经历发展五个阶段的趋势，而这些阶段能够根据这些国家对外、对内 FDI 特点来有效分类，当然并不是所有国家都经历所有这些阶段，各国均有自己独立的路径。可以说投资发展周期理论，是折衷理论的动态发展，是说明一国对外直接投资倾向，取决于经济发展阶段以及该国所拥有的所有权、内部化和区位优势①。政府政策通常对于建立东道国社会能力和吸收能力至关重要，尽管 FDI 对于经济增长过程的贡献在投资发展周期理论框架内无法明确论证，但在 FDI 流入流出和刺激增长之间，存在一种不明确的相互依赖关系。

在第一阶段，东道国对 FDI 投资者的吸引力依赖于自然资源，包括非技术劳动力存量，东道国在创造资产方面存在不足，创造资产可能是有形，也可能是无形的，包括资本、技术、足够的基础设施以及与技术劳动力（如技术、管理和组织专家）。在这一阶段，FDI 流入是主导，FDI 流出很少，本地企业不太具备所有权优势来成为跨国公司。在第二阶段，国内市场规模扩大，购买力上升，FDI 将代替进口，特定

---

① 本质上，投资发展周期理论更倾向于是分类而不是理解 FDI 和经济增长之间关系的分析框架。

区位优势逐渐出现。人为和天然贸易障碍将刺激市场寻求型投资，对外 FDI 仍然很低，但 FDI 流入在增加。在第三阶段，FDI 流入向效率寻求型投资转向，东道国市场扩大，国家创新能力提高将有助于规模经济，而且此阶段工资成本开始上升，将鼓励更多技术密集型制造业，以及本地高附加值产业出现。此时东道国拥有自己的跨国公司，对外 FDI 开始上升，而 FDI 流入比以前增长更慢，国内企业需要自己的所有权优势，能与外资企业在同一产业竞争。在第四阶段，国内企业能够与外资企业在国内产业展开有效竞争，国家已经发展出竞争优势，这些国内企业开始向国外市场渗透，区位优势表现在本国企业的资本创造能力。在第四阶段国家的投资更加理性，所有权优势来自于自己的跨国公司，对国内和外资企业来说，主要的挑战是扩大全球市场份额。第五阶段的特征是外资和本国企业平衡的转换，无论属于哪个国家的企业，都发展出相似的所有权优势，开始差异化产品的竞争，相同产业内生产变得更加明显，主要表现为产业内贸易的增长。

3. 不同发展阶段相关的技术溢出

在投资发展周期第一阶段，FDI 主要是垂直形式和出口导向。这时候的 FDI 流入主要以飞地投资为主，因为东道国缺乏充分的生产设施，外资企业可以提供所需设备和人力资本来利用东道国丰富的资源。资本可以是有形的设备、工具，或是无形的管理、制造、市场技能，知识转移的主要类型是那些编码知识。然而，如果东道国工资相对较低，具有中等程度竞争力，跨国公司可能会利用旧设备来经营获利(Blomstrom 和 Kokko，2001)。如果东道国 R&D 是依靠跨国公司开展的，他们依靠那些在其母国发展起来的技术，而且因为创新能力和人力资本并未升级，东道国吸收能力也相对较低。这一阶段，可以预期外部性主要是金融外部性。首先因为需要进口技术更先进的设备，就可能存在第二类溢出；如果跨国公司进入带来关键的、新基础设施修建，则第四类溢出也会出现。

当然根据 Cantwell(1989)的研究，出口平台或飞地式投资，对于东道国技术溢出相当有限，因为这些对东道国产业发展和福利作用很小。在第二阶段，FDI 流入采用的形式是进口替代型投资，表现为创办新企业或直接并购东道国企业。资产转移主要是无形资产，如技术、商标、管理技巧等，因为在这一阶段，东道国已经能够通过各种途径获得机器设备和其他有形资产。国外 R&D 主要是去开发能适应东道国市场的产品和服务。经过第一阶段发展以后，包括教育体系在内的基础条件在提升，东道国的吸收能力得以改进。因为外国产品被国内生产替代，来自母国的编码和缄默知识将被传递给本国工人，当员工在不同企业间流动以及自主创业时，就会产生技术溢出现象。此时因为新的管理方式会导致效率提高，第二类溢出将出现。通常来说，第三类溢出表现在进口竞争产业，如果存在贸易障碍，那么随着国际贸易(出口、进口)的增加，本国企业将会受到全球竞争的影响。如果进口市场存在贸易障碍，跨国公司将不得不在东道国投资建立企业来规避关税之类障碍，这样东道国竞争将会加强，这会改进国内企业的生产率。但是 Wang 和 Blomstrom(1992)研发认为,大多数的溢出并不是外资企业存在就会自动获得。他们假设模仿外资企业技术需要本国企业在学习方面进行特定投资,因此,由于学习投资是来源于本国企业所获得的利润,而利润多少是与外资企业产出和技术领先程度呈反向变化。因此,他们认为在其他条件不变时,外资企业越多,本国企业利润越少,用于学习的投资越少,则技术溢出越少。类似的研究如 Cantwell(1989),他认为在本地企业技术落后的领域,跨国公司夺取市场份额的能力将迫使本地企业降低 R&D,或缩小其专业化生产领域。因为通过 FDI 导致竞争强化,本国企业会被迫减少产量,这再一次会增加平均成本,降低生产率和利润,这也被称为"市场夺取效应"。当进入第三阶段,因为教育支出增加,职业培训、创新活动或是因为制度变革,使得东道国吸收能力已经加强。大多数新 FDI 采取并购的方式,其目标是将生产集中于少数生产中心区。无形资产的转移代表了非编码和缄默知识。对于 R&D 活动来说,部分发达国家基础性研究也可能在东道国开展,当然这主要取决于国家政策情况。在经营方面,国外和国内企业必须在技术上相互匹配,对于东道国来说,这将产生第一、二、三类技术溢出。IDP 最后阶段,东道国已经具有很高技术能力,FDI 主要是资产寻求型,而不是资产利用型。这能够刺激进一步收购国内知识型资产,FDI 流入将以获取东道国知识为目的,而不是对东道国的正向知识溢出。在此阶段,东道国企业也开始寻求海外战略性资产,这会产生正向国内的技术溢出,也就是这时存在发达国家之间的知识交换。

在本节中,利用国际生产折衷理论说明了 FDI 产生的原因,并分析了 FDI 技术溢出的原因和决定因素,最后用投资发展周期理论说明了 FDI 技术溢出在东道国不同发展阶段的特定。目前我国在经历了三十年改革开放和经济高速发展以后,国内企业在吸收能力方面大大加强,我国国家创新体系建设方面已经达到一定的高度,FDI 已经出现跨国公司研发中心转移的趋势,部分基础研究也逐渐进入中国,因此,这对于我国来说是难得的获得外部知识和发展本国自主创新能力的机会,适当的政策可以加快我国向创新型国家的转型。

第二节 产业集聚理论研究历程回顾

集聚现象是不可置疑的,经济活动集聚可以在空间层面上观察到,如特大城市的形成,大城市内的中心城区的出现,国家内部中心一外围结构的形成,我国沿海地区城市集群通过大型工业带区相互联系,这种现象在美国、欧洲和中国非常明显。一旦中心地区出现,中心将会出现自我强化过程,规模会进一步扩大。因此,集聚问题已经越来越被经济学理论接受,目前关于产业集聚的研究非常多,学者们从不同角度研究了产业集聚现象和形成机制,本节将对该理论发展过程中具有重要影响的学说加以归纳总结，梳理出产业集聚理论的主要发展历程。

一、早期区位理论及主要观点

1. 马歇尔的规模经济和外部经济理论

新古典经济学的代表人物 Marshall(1890)是经济史上第一位对产业集聚现象进行系统研究的经济学家，他在 1890 年发表的《经济学原理》中对工业在狭小地区集中的原因做了论述。Marshall 首先对内部规模经济和外部规模经济进行定义，他认为：在较为仔细地研究了任何一种货物的生产规模之扩大所产生的经济之后，我们知道，这种经济分为两类——一类是有赖于工业的一般发展，一类是有赖于从事这工业的个别企业的资源及其经营管理的效率；就是说，分为外部经济与内部经济两类。这样 Marshall 将内部规模经济归结为单个企业生产过程中，在资源、组织和经营效率上最终导致成本下降，具体他归结为大工厂的利益在于：专门机械的使用与改良、采购与销售、专门技术和企业经营管理工作的进一步划分。人们对单一企业内部的规模经济容易认识，企业也会尽可能地进一步扩大生产规模。

外部经济和产业的地区性集聚有很大关系，通常外部规模经济是指在由于特定产业集中在一个地区生产，从而引起区域内所有生产企业的平均成本下降的现象。马歇尔将外部经济的来源概括如下：地方性工业的利益；祖传的技能；辅助行业的发展；高度专门机械的使用；专门技能在本地有市场。他的论述至今仍然被广为引用。

当一种工业已这样选择了自己的地方时，它是会长久设在那里的。因此，从事同样的需要技能的行业的人，互相从邻近的地方所得到的利益是很大的。行业的秘密不再成为秘密，而似乎是公开了，孩子们不知不觉地也学到许多秘密。优良的工作受到正确地赏识，机械上以及制造方法和企业的一般组织上的发明和改良之成绩，得到迅速的研究。如果一个人有了一种新思想，就为别人所采纳，并与别人的意见结合起来，因此，它就成为更新的思想之源泉……

在同一种类生产总量很大的区域里，即使用于这个行业的个别资本不很大，高价机械的经济使用，有时也能达到很高的程度。因为辅助工业从事于生产过程中的一个小的部门，为许多邻近的工业进行工作，这些辅助工业就能不断地使用具有高度专门性质的机械，虽然这种机械的原价也许很高，折旧率也许很大，但也能够本。

除了最早的阶段之外，在一切经济发展的阶段中，地方性工业因不断地对技能提供市场而得到很大的利益。雇主们往往到他们所需要的有专门技能的优良工人的地方去；同时，寻找职业的人自然到有许多雇主需要像他们那样的技能的地方去，因而在那里技能就会有良好的市场……

总的来说，Marshall 虽然并没有将产业集聚理论进行明确系统化论述，但他提出很多影响非常大的观点，“马歇尔外部性”的概念在经济学中被广泛使用，表达了集聚的本质，即集聚是“滚雪球”效应的结果，不断增加的厂商通过彼此集中在一起，从更大的经济多样性和更深的专业化分工中获益。当然，Marshall 并没有给出外部性背后的微观机制，不过这个问题即使到现在也没有完成弄清楚。

2. 杜能的研究

杜能（Thunen）是德国早期重要的经济学家，他在 1826 年出版《孤立国同农业和国民经济的关系》（通常被简称为《孤立国》）一书，从地租和农地利用的角度来研究农业分带现象，创立了农业区位论，这被很多经济学家认为是区域经济学的基础①。在研究生产布局问题时，他假设孤立国全境都是平原，农作物产量各有不同，各自运输费用也不同，在平原中央是唯一的城市，城市居民的食物由周围农村生产，工业产品则由城市提供。杜能认为生产成本和价格成为确定生产布局的最重要因素，生产成本主要包含的运输成本是生产布局主要考虑问题。农户间的完全竞争将导致地租递减，其中以城市最高，直至无法耕种的偏远地区地租为零，每个农户均面临在地租和运费之间的权衡。因为对于不同农作物来说，运费和产出是不同的，最终就会导致生产以一系列同心圆的模式展开。当经济均衡时，地租递减将导致农民种植数量正好满足农作物需要的数量，在此条件下，延伸到偏远地区的地租将为零，最终决定总产出大小。

他的农业区位理论强调农业生产布局必须接近消费者所在地区，工业布局还要接近主要原材料产地的基本原则，以便降低运输费用。决定各地区种植什么品种的农作物并不是随机决定，一旦决定在离城市最近的土地种植某种农作物时，因为土地数量是有限的，就间接决定了其他农作物的种植产出。而且各个距离上的农民工资也会被内生决定，因而农民的收入带来的效用，消费支出水平也会受到影响，所以农作物的种植品种选择非常重要，会影响以后的收入和消费状况。他认为即使农民事先各自不知道其他人在种植什么，最终也会出现同心圆环的生产模式，因为只有这样才最符合生产效率，如同亚当·斯密所说的看不见手的原理。具体而言，孤立国的生产布局应以城市为中心，由于离城市中心越远运输费用越多，所以城市周围应安排运费大的产品和易腐烂鲜货的生产。农业生产形成一系列同心圆环，每个圆环都有各自的农作物和耕作方法。具体而言由六层同心圆环构成：第一圈为自由农业带，生产易腐蔬菜水果和鲜奶，地租最高，集约化生产；第二圈为林业带，为城市提供燃料及木料；第三至五圈都是以生产谷物为主的农耕带，集约化程度逐渐降低，直到某一距离，谷物的生产和运输成本总和等于产品价格，这样地租将为零；第六圈为畜牧业带，采取粗放生产方式，只要最终价格能够补偿运输费

① 事实上，萨缪尔森对杜能的研究推崇备至，他在 1983 年为杜能 200 周年诞辰所作的论文曾说：“在所有地理和区位经济学家中，杜能是主要奠基人之一，他不仅仅提出早期的区位理论，而且他的理论对一般均衡理论有创造性贡献。”

用，就能从事畜牧养殖。

农业区位理论采用的研究方法，对于以后 Weber 等人进一步发展区位理论有很大启发。Fujita 和 Krugman(1999)曾经指出："尽管杜能的模型以现在的标准看可能十分简单和浅显，但体现了非法的创造性和对空间经济的深刻洞察。"当然农业区位理论中假设工业品的生产完全由中央城市来完成，那么是什么原因导致制造业会集中在城镇，采用哪种微观作用机制，这在农业区位理论中都没有提及。

3. Weber 的工业区位理论

Weber 是德国经济学家，他在 1909 年发表了《工业区位论》一书，使用抽象、演绎的分析方法解释工业活动空间分布问题，第一次系统论述了工业区位的决定，对以后的区位理论影响很大。

在杜能提出农业区位论后，19 世纪后期工业占据经济主导地位，学者们自然将关注的焦点转向工业区位分析。Weber 的工业区位理论以局部均衡分析为主，在给定消费者、市场区位的条件下，通过市场不可分割和规模经济的特点来研究厂商的区位决定。他认为制造业工厂所在地区为市场提供本地化的投入品，产品市场的区位，各种本地投入品都是外生给定，并且保持不变。假设在一个平原地区，生产厂商通过分析运输、劳动力成本和集聚因素，可以选择出最优区位，做到最小化每单位产出的运输费用。他提出了著名的"区位三角形"的例子，即由市场、两种投入品的供给点构成，厂商最小运输成本可以由简单的力学模型得到。

而且 Weber 独立于 Marshall(1890)的研究，也解释了集聚的原因和本地工业集中的机制。他把影响工业区位的经济因素分为区域因素和集聚因素，并认为区域因素是形成工业区位基本格局的基础，这可以通过运输成本和劳动成本实现。集聚因素促使企业集中于一个特定区域，会影响到工业区位基本格局。韦伯也将工业集聚归因于规模经济的存在，他认为："在这类因素活跃的地方我们能识别集聚的两个阶段，简单地通过企业扩张使工业集中化，这是集聚的第一阶段又是低级阶段。第二阶段，每个大企业以其完善的组织而地方集中化，这区别于街道小作坊的分散的生产。同小规模生产相比，大规模生产显著的经济优势就是有效的地方性集聚因素。"所以个别工厂规模扩大给工厂带来成本节约，而大量企业的集中能给各个工厂带来更多的收益，所以工厂有集聚的愿望。而对于集聚收益他总结具体原因为："工业不论是仅仅通过工厂扩张的集中化倾向而集聚，还是这种倾向的深化影响而吸引工业集中，都依赖若干工厂紧密的地方联合产生优势大小。为了初步地、系统地考察这种社会集聚，我们注意到若干工厂的地方集结易于带来大工厂所具有的长远利益，并且构成高级阶段的社会集聚的集聚因素同样是构成大规模工厂的那些因素。对于高级集聚阶段的基本因素，我们又细分为三个因素：技术设备发展、劳动力组织发展、整体经济组织良好的适用性。"上述几个因素的共同作用的结果将导致企业成本下降，劳动生产率上升，也就是相对于 Marshall 的"外部规模经济"，最终促进产业集群的自发形成。

此外韦伯还分析了分散因素，他认为："任何集聚都能引起相反的倾向，即增加支出。在一给定情况下，这类积极因素和相反倾向平衡后的差额才是有效的实际集聚能力。"对于分散力的来源，他认为："相反倾向的活动能力和方式仅仅依赖于集聚规模。同等规模和形状的任何集聚都产生同样的行为。这些分散因素都随土地价值增长而增长，因为伴随集聚产生了对土地需求的增长。需求的增长不仅提高了土地边际利用的重要性，而且提高了投机商边际利用的贴现率。分散的趋势都是从经济地租(地租)上涨开始的。因此，我们可以把分散因素作为经济地租的各种结果来分析。"因此，生产过程中集聚和分散力相互作用，结果是单位产品成本的节约。

所以 Weber 是研究工业区位理论的先驱，尽管以后的学者认为他的分析回避了价格和市场结构的问题，也没有考虑投入和产出的内生决定因素，但毕竟在他的年代，很多新分析方法，如不完全竞争市场理论、博弈论都没有出现，这些因素使得深入分析是非常困难的。

4. Christller 的中心地理论

德国学者 Christller 在 1933 年提出中心地理论(Central Place Theory)，被认为对以后的研究有很大启发。他在《德国南部的中心地——关于具有城市职能聚落的分布与发展规律的经济地理学研究》(中译本《德国南部中心地原理》)一书中，系统地阐明了中心地的数量、规模和分布模式，建立起了中心地理论。

Christller 跑遍了德国南部所有城市，在获得了大量数据和资料的基础上得出了结论，他的主要目的就是要说明"决定城市的数量、规模以及分布的规律是否存在，如果存在，那么又是怎样的规律"这一问题。他考虑一种理想体系，假设某个平原地区的农民均匀分布，平原上的道路是均匀的网络，作出决策的消费者和商人都是理性人。他们被提供一系列一定数量的"中心地商品"，即将不同商品作为一个集合看待，中心地商品的市场范围可以假设是由运输费用和生产规模经济决定的。Christller 设想中心地或城市组成一个不同层次的体系，最顶端的城市将生产所有的城市商品，次一级的城市提供数目少一些的城市产品，因为要满足厂商获益与消费者购物出行距离之间的平衡，不同层次中心地向周围提供产品范围就成为类似"六角形"形状。

Christller 的中心地学说，一定程度上发展了先前的农业区位论和工业区位论，并进行空间规律的研究，此外还将演绎方法引入分析空间规律，无疑是研究方法的进步。但缺陷也很明显，他的理论没有解释微观主体决策之间的相互作用是怎样导致最终层次结构的出现的。

5. Losch 的市场区位理论

Losch 在 Christller 的理论基础上，将中心地理论发展成为产业的市场区位论，他的代表作《The Economics of Location》一书明确地提出发展一般性区位理论的构想。

他认为决定企业区位的原则，不仅在于运费或生产成本最小化，而应该是选择能够给企业带来利润最大化的区域，他把市场需求作为空间变量处理，认为工业企业的区位选择不仅要考虑供给方，而且也受消费者的影响。最佳生产区位如果只考虑运输费用最小，或是收入最大都不全面，应该综合收入和费用之差最大点即利润最大考虑。因此，市场区位论是将价格、需求和区位之间作为整体来分析，来论证能够使企业获取收益最大的区位。Losch 尝试通过引入某种产业扩展他的基本模型，来验证市场网络体系，但在微观机制方面并没有考虑不同产品市场之间彼此的相互关联，而且问题的复杂程度使他无法提出包含多产业空间市场的满意答案。总的来看，Losch 的市场区位理论以市场需求作为空间变量，对市场区位体系进行解释，在区位理论的发展上具有重要意义。

总的来看，农业区位论和工业区位论立足于单个厂商的区位选择，着眼于成本和运费的最低。中心地理论和市场区位论立足于一定的区域或市场，着眼于市场的扩大和优化。这些区位论都采用新古典经济学的静态局部均衡分析方法，以完全竞争市场结构下的价格理论为基础来研究单个厂商的最优区位决策。这些区位研究理论有一个共同点，即侧重于区域内的单体企业，即农场、工厂、商业点的微观分析。

二、现代区位理论及主要观点

1. Schumpeter 的创新理论

美国经济学家 J. A. Schumpeter 首先将技术创新引入经济学分析中，他在 1912 年出版的《经济发展理论》一书中最早提出“创新”一词。他认为创新就是要“建立一种新的生产函数”，把新的生产要素和生产条件的组合引入生产体系。因为劳动力和资本禀赋的增加并不会自动带来人均收入的提高，但是在科学知识和最新技术创新基础上的新方法、新产品和服务的引入，将会产生垄断租金。他认为创新是在生产过程中内生的，是一种“革命性”变化，Schumpeter 对此作出一个形象的比喻：“你不管把多大数量的马车或邮车连续相加，也决不能得到一条铁路。”他提出“创新性毁灭”的问题，即新技术的出现就会取代原有技术，创新是经济发展的本质，社会在创新产品的同时，也打破旧的、低效的工艺与产品，因此，这种替代过程是动态的，最终会刺激收入迅速增长。他认为创新的主体是企业家，企业家的任务不是日常经营管理，而是去不断进取和创新。

Schumpeter 认为技术创新与产业集聚是伴随在一起发展的，企业彼此集中在一起，可以节约交通成本，增强企业应对市场的灵活性，而且还可以获得更多有利于技术创新的信息(Schumpeter，1934)，这与马歇尔外部经济促进集中的论点是一致的。他认为：“创新不是孤立事件，并且不在时间上均匀地分布，而是相反，它们趋于群集，或者说，成簇地发生。这仅仅是因为在成功地创新之后，首先是一些，接着是大多数企业会步其后尘;其次,创新甚至不是随机地分布于整个经济系统,而是倾向于集中在某些部门及其邻近部门。”可见,他主要是从创新角度来说明产业集聚现象的,彼此之间是相互促进的,创新不是企业的孤立行为,需要不同企业相互合作与竞争,这在产业集群中更容易实现。

2. Isard 的区位指向理论

Walter Isard 是现代区位理论的主要创始人,他在 1956 年出版《Location and Space economy》一书,开始从整体来考虑区域经济问题,将投入和产出的地理分布以及价格、成本的地理变化统一到一般均衡框架之中,提出关于区位的一般理论,研究区域整体均衡和各种要素对该均衡的影响。

区位指向理论运用替代原理分析区位均衡,他将早期区位模型整合为统一的框架,把区位问题归结为标准的替代问题:即厂商如何在运输成本与生产成本间权衡,正如他们做出其他任何成本最小化或利润最大化的决策一样。他创造性提出了“输送投入”(Transport Input)这一概念来分析经济空间关系,他将输送投入定义为单位重量移动每单位距离的所耗费的成本,运费是投入的价格,并作为类似于资本、土地、劳动投入及企业经营者能力等生产要素处理,可以依照利润最大化原则决定投入量。他提出的运输成本与生产成本进行权衡的思想为后面核心一外围结构模型提供了思想来源,其中包含了产业集聚机制。

此外艾萨德认为:“将纯粹的完全竞争作为前提条件是毫无意义的,当我们将空间因素和运输成本引入分析时,这一前提的传统解释能够成立吗?如果因为不同地区间运费差别导致不同的市场价格,一个地区不同地点被认为是不同的市场。如果地区本身被认为是一个市场,那么只能是:第一,说明商品不是同一商品;第二,如果是同一商品,那么只能是由不完全竞争市场上,占据一定垄断地位的厂商提供。这两点中任何一点都不能认为是完全竞争。一旦竞争性均衡范式无法成立,那么什么样的理论是可行的?在某种意义上,垄断因素特点基本上与空间特点是类似的,所以广义上的垄断竞争理论可以被构造成区位和空间经济理论的基础。”尽管他认识到理论分析缺陷的问题所在,但分析工具的欠缺,无法给出一个同时包括规模报酬递增和不完全竞争和要素流动等内容的分析框架,因此,最终艾萨德采取了折衷的方法,由于模型往往不够正式和严谨,很难融入主流经济学。

三、发展经济学的相关研究

从 20 世纪 50 年代起,虽然个别发展中国家实现经济起飞,但与发达国家的整体差距有进一步扩大的趋势。我国从 20 世纪 80 年代初期算起,实现了经济高速增长,但从地区角度来看,目前大量资源和要素集中于东南沿海经济条件较好的区域,加剧了发达地区与欠发达地区之间的两极分化,目前这种两极分化表明仅仅依靠市场力量很难解决均衡发展的问题。为了解释这一现实经济现象,并为促进发展中国家与发达国家的内部区域经济均衡发展提供理论和政策依据，不少经济学家提出了关于区域经济不平衡增长理论。

1. Harris 的市场潜力

Harris(1954)认为在其他条件相同的情况下，厂商会优先选择市场良好的地方作为生产区位。他用“市场潜力”来描述，具体就是所在地区收入或购买力的加权和，且每个地区的权数与其距离成反比。他分析了美国不同地区的市场可进入性，研究结果表明，在美国工业基础雄厚的地区一般也正好是具有较高市场潜力的地区，这些地区集中了大部分的人口和企业，比其他地方有更好的市场可进入性。企业选择那些具有良好市场可进入性的地方生产，市场规模的扩大反过来创造更好的市场可进入性，因此，会逐渐形成循环因果关系。

2. Myrdal 的累积循环因果原理

瑞典经济学家 Myrdal 在埃及国家银行的演讲中提出了他的“循环累积因果关系原理”，这被认为是关于地区间不平等和国家间不平等的理论核心。

Myrdal 观察到在国家之间劳动和资本的流动并不必然导致一种均衡发展，能促使要素价格均等化趋势，然后带来地区收入水平的收敛。他指出：“内部相关的经济变量：需求、收益率和收入、投资和产出……在市场中相互影响的结果是扩大而不是缩小地区间的经济不平等。”这就是说市场作用倾向于扩大区域差距而不是缩小区域差距，而且一旦实际差距产生，那么在经济发达的地区会形成累积的竞争优势，而制约落后地区的经济起飞，而且这些不利发展的因素会越积越多。他将造成地区经济增长非收敛的原因归结为工业的规模经济、垄断性市场结构和集聚等。初始的增长，或者来自外部偶然的刺激造成的偏离，会通过上下游部门之间的联系，向其他部门扩散，形成回流效应和扩散效应，从而使偏离得以强化。这种正向反馈机制会持续，不断强化了非均衡状态，通常落后地区的资金、熟练劳动力向发达地区流动的作用更大，使得发达地区经济得以向前发展；落后的地区经济衰退或停滞。这些相对发达的中心地区一旦形成，就通过不断积累有利因素继续发展，从落后地区抽取资源要素，导致两者经济形成发散的结果。因此，累积因果关系原理，为新经济地理模型提供了思想源泉。

四、新经济地理学主要理论

主流经济学家最近才开始关注经济地理现象，也就是经济活动的区位问题。正如 Krugman (1995)所说：“这也许归因于过去一直缺乏一个统一的分析框架，或是一种对一般区位理论的理解，一种同时包括规模报酬递增和不完全竞争，这两个构成现实经济特征的基本分析工具，进一步也许由于过去缺乏就这一问题的理解参照。”无论如何，从 1990 年开始，出现了空间经济学的理论和实证的复兴。代表人物是 Krugman (1991a,b) ，连同其他一些代表性学者，激发了研究经济地理问题新的潮流,使新经济地理领域成为当代经济学最令人兴奋的领域之一。

Fujita(2010)总结了关于“新经济地理”(NEG)定义的问题,他认为本质上是与一般区位理论相同,即怎样解释地理空间出现的大量各式各样的集聚问题。新经济地理理论具有显著的标志,即具有统一的分析框架,强调规模报酬递增、运输成本(广义定义)和流动的生产要素这三种要素的相互作用,采用一般均衡分析方法,结合非线性动态分析和均衡选择的演化分析方法,来分析经济主体的区位选择问题。

Krugman(1991)发表的《收益递增与经济地理》,对现代经济活动区位理论产生重大的影响,他建立了著名的核心——边缘结构模型(即 CP 模型),成为对经济活动进行空间分析的微观基础,被认为是新经济地理学的奠基之作。所有早期的 NEG 模型均是利用 Dixit-Stiglitz 垄断竞争模型作为建模基础,这些模型中,产生集聚力的唯一来源是通过消费者和生产者之间的相互联系产生金钱外部性,忽略了技术外部性,如技术外溢的影响。

Krugman 的中心—外围模型(CP 模型)主要是从理论上解释为什么初始禀赋相似的地区,最终的发展过程有可能差别极大,并且由于经济活动空间分布的机制不同,地区之间的差距还会进一步扩大。尽管模型主要以数理形式表达,不容易直接用于实证分析,但对于集聚经济的形成提出了独到的见解,他认为经济活动空间上的集聚趋势将产生循环累积的效应,促进生产集中的最终形成。模型假设每个企业拥有和生产自己专有的品种,其他厂商可以生产相似的替代品。在离岸生产和模块化生产不发生的前提下,将引起规模报酬递增。CP 模型与以下四种因素有关:第一是制造业部门的规模报酬递增,上下游相互关联的产业在空间位置上的相互接近可以节约生产成本;第二是包括运输成本在内的广义贸易成本,贸易自由度是决定中心外围结构形成的关键因素之一;第三是循环累积因果关系,是本地市场效应产生自我增强的集聚力;第四是路径依赖,先发优势能够形成某种经济活动的长期聚集过程。厂商在选择生产区位时,主要考虑规模较大的市场,因为市场规模越大,越容易形成生产规模经济,而且还可以节约运输成本。劳动者也希望选择大市场地区,因为本地市场效应越大,可以得到较高的实际工资,而且随着消费品数量增加,消费者的效用上升。所以在市场规模不同的两区域,将出现厂商和劳动者的流动,并最终通过循环累积因果关系而成为核心—边缘结构。CP 模型将集聚形成归结为“本地市场效应”、“生活成本效应”和“市场竞争效应”三种机制,在不同贸易自由度下,由于聚集力和分散力的变化使北部企业相对数量发生变化,由此出现产业聚集和扩散现象。

这样,Krugman 在 D—S 模型的基础上从经济活动的内部机制来解释集聚现象,强调产业“中心”的内生性和竞争均衡的思想,认为产业集聚是由企业的规模报酬递增、运输成本和生产要素移动通过市场传导的相互作用而产生的。这样从理论的高度突破了原有解释集聚经济中存在的循环逻辑关系缺陷,即由于简化的假设前提，会得出 “集聚产生是通过集聚经济”的结论(Krugman，1991)。

此后，很多学者 CP 模型基础上提出一些来自不同集聚力和分散力的模型，国内学者安虎森认为，目前比较成熟的 NEG 模型主要有两大类、三种类型。两大类是指“经济关联”和“知识关联”。三种类型是具体将经济关联模型分为第一类和第二类经济关联模型，以及知识关联模型。其中第一类经济关联模型仍采用克鲁格曼的 CP 模型主要思路，以及 Dixit-Stiglitz 垄断竞争一般均衡分析框架；消费者偏好用两层效用函数表示，用柯布一道格拉斯效用函数表示制造品集合和农产品两大类消费产品的效用，具体制造品组合的消费则用不变替代弹性(CES)效用函数表示；交易成本采用“冰山”型成本的假设。第一类经济关联模型集聚力和分散力的内生演化主要是基于要素流动，该类模型包括核心一边缘 CP 模型(Krugman，1991)，自由资本 FC 模型(Martin 和 Rogers，1995)和自由企业家 FE 模型(Ottaviano，1996；Forslid，1999；Forslid 和 ottaviano，2003)，资本创造模型(CC 模型)(Baldwin，2001)，全域溢出模型(GS 模型)(Martin 和 Ottaviano，2003)。第二类经济关联模型利用其他方法重新构建了 CP 模型，涉及向下倾斜的线性需求和线性运输成本。这类模型放弃了常用的柯布一道格拉斯型效用函数、不变替代弹性效用函数、“冰山”型运输成本几个主要假设，这样摆脱了困扰 CP 模型的非线性关系。由于准线性二次效用函数的一阶条件满足线性关系，因而大大简化了模型，并且长期均衡下的内生变量也可以得到显现，因此，研究 CP 结构的福利特征时更加方便。这类模型包括线性自由资本模型 LFC(Ottaviano ，Tabuchi 和 Thisse，2002)，以及线性自由企业家模型 LFE。第三是知识关联模型[①]，主要代表是知识创新与传递模型(Berliant 和 Fujita，2006)，模型分析了经济主体间的知识关联过程，以及合作创新行为的时间、方式和效率，最终解释了知识创新和传递如何进行及其影响结果。模型认为知识创新和扩散是动态、多重的均衡，因此，区域知识创新方式不一致，当区域内公共知识变大，则会降低区域的知识创新效率，这样出现内生的跨地区技术人员的转移，从而改变了知识的空间分布和创新效率，最终影响到地区经济增长方式和经济福利。此外，Baldwin (1999)还提出了一个关于集聚的动态模型，主要建立在知识本地化溢出假设基础之上。任何差别化产品生产均假定需要一单位资本(构成固定成本)，然而资本生产是由竞争部门在规模报酬不变，使用劳动力的前提下生产出来的。这一点说明即使不存在劳动力和资本的流动，可以通过支出转移效应，一个地区资本积累形成和其他地区资本积累停止，来实现 CP 结构的发生。此模型中将单位资本解释为不同生产专利、创意、知识等，模型的框架扩展为内生增长，以此来研究收入差异、工业化和经济起飞之间的关系，进一步增强对现实的解释力。

---

① 即人们之间创造和交流知识的联系机制，被称为 K-linkage 效应，这被定义为“知识溢出”或者是“知识外部性”。

本节中回顾了关于产业集聚现象的研究历程，随着学者们的长期努力，对集聚现象的解释逐渐由表及里，向最根本的微观机制方向发展，目前新经济地理理论正在从不同的微观机制研究集聚现象。很多学者认为大多数NEG模型中，集聚力单独产生于金钱外部性，即通过消费者和产业之间的关联产生，而忽略了其他集聚经济可能的来源，如知识外部性等，这导致了NEG理论研究的范围过于狭窄。集聚力在现实世界是金钱外部性和技术外部性共同作用的结果，目前关于知识关联的模型不断被提出，知识关联强调了集聚力的来源，认为“知识生产”和“知识转移”或“学习过程”也能够产生空间集聚现象，这不同于传统的生产、交易过程中通过价格机制造成集聚力的产生。目前在发展知识关联模型的微观基础、新知识的产生、异质人群之间的协作问题，以及随技术条件改进，知识扩散的动态化方面都成为关注的重点。

第三节　外商直接投资技术溢出对技术创新影响的相关研究

关于FDI技术溢出对技术创新的影响有大量实证研究，从不同角度进行了分析解释，具有很好的借鉴意义。本节将从两个方面研究，其一是FDI技术溢出对企业创新能力的影响；其二是国内企业吸收能力对创新的影响，这两个方面是相互关联的两个环节，对国内企业技术创新来说，既需要有畅通的外部知识获取途径，自身也要具有一定吸收利用新技术知识能力，任何一个环节的短缺都不利于提高创新能力。

一、知识溢出和企业创新能力

较早的研究如Ballred和Pain(1997)进行的实证分析，他们认为在1985～1995年英国制造业差不多30%的生产率增长可以归因于FDI流入，而且为了让技术溢出能够被国内企业所吸收，国内企业的生产技术必须足够先进，而这对于发展中国家来说是一个很大问题，甚至在发达国家也仍然是问题。Lipsey(2002)认为由于跨国公司具有更高水平的技术能力，在发达国家和发展中国家均认同外资企业比本地企业有更高的生产率，因此，FDI可以通过技术溢出到本地企业而提高东道国生产率，以及技术创新能力。Romer (1993)认为FDI的技术外溢是现代技术扩散的最主要途径，而不是正式的类似技术交换等形式的技术转让。Kaiser(2000)研究说明，如果在创新过程中产生的知识没有完全被创新企业所占有，创新的社会收益要大于私人收益，其结果是溢出作用有利于其他企业的创新产出。很多研究证实了小型企业并不需要像大型企业一样进行大量 R&D 投资，但同样有创新产出。这一观察说明，企业间知识溢出的产生是某些企业自身 R&D 投资的结果，如果能够做到的话，企业将会完全独占由自己创造的创新产出。然而这类的保护通常不太可能，知识溢出的发生是来自创造知识企业保护机制失效的结果。最典型的保护方式是申请专利，专利能在一段时间内为企业的创新产出提供比较严格的法律保护。

关于 FDI 对东道国技术溢出，很多学者做了大量实证研究，早期的研究如 Caves(1974)发现外资企业对澳大利亚本地制造业部门人均增加值有促进作用，当外资企业雇佣工人的比重上升后，他发现外资企业和本地企业人均增加值的差距在缩小，因此，他认为 FDI 存在正向的溢出效应。Nadiri (1991)发现美国跨国公司资本存量的增加，对于法国、德国、英国和日本制造业的全要素生产率增长有正向影响。但一些最新的研究却发现有些国家 FDI 的溢出效应并不明显，甚至是负向的。如 Aitken 和 Harrison(1999)认为跨国公司进入东道国将会把市场份额从低效率的本地企业手中抢夺过来，迫使本地企业缩小生产规模，进而导致平均生产成本比以前更高。如果这样的作用存在，将会抵消那些来自跨国公司技术溢出收益，因此，国外进入者对本地企业具有负的净效应。很明显，从长期而言，无论是以鼓励国内企业提高生产率，或者是将低生产率企业赶出市场的方式来看，竞争的存在对本地企业生产率有正向影响。因此，FDI 对于本地企业生产率的影响可能在短期为负向，而在长期为正向，当然在实证中还没有被证实。此外，其他学者也有一些类似证据，例如，Haddad 和 Harrison (1993)是最早使用面板数据进行分析的学者，他们发现摩洛哥出现外资企业降低本地企业生产率的现象，即外资企业存在负溢出效应。Haskel(2002)对英国的研究发现 FDI 的溢出效应不显著，也就是外资企业的存在对本地企业的生产率并没有明显影响，甚至降低了本地企业的生产率。国内学者对中国 FDI 行业内溢出效应也进行了大量的研究，但是也没有取得统一的结论。如秦晓钟、胡志宝(1998)对 39 个制造业行业的检验，得出了 FDI 的行业内溢出效应明显存在的结论。钟昌标(2010)的研究认为外资不仅产生了地区内溢出，改善了本地区的生产率绩效，也产生了地区间溢出。张玉英、余升国(2005)的研究认为我国港澳台投资对国有工业部门具有正向溢出效应，其他国家投资对国有工业部门具有显著的负向溢出。陈涛涛、陈娇(2006)从行业增长特征角度探讨了 FDI 在我国行业内溢出效应，结果表明行业增长特征明显影响我国 FDI 行业内溢出效应。Liu 等(2009)从制造业企业层面检验了 FDI 对生产率的关联效应，发现 FDI 产生了正向的垂直联系效应，并且在地区层面还存在一定的正向溢出。邢斐、张建华(2009)利用 GMM 估计发现，FDI 的技术溢出效应在短期和长期内均不显著。陈继勇、盛杨怿(2008)发现，由于中国 FDI 结构影响，外资企业在本地的生产活动带来的知识外溢效应并不显著，本地自身科技投入才是技术进步的最主要因素。姚利民、王峰(2006)从行业增加值率的角度，发现 FDI 的流入并不能有效促进中国浙江和江苏两省内资企业工业增加值率的提升。此外，最近几年国内学者开始把目光转移到我国服务业利用 FDI 效应的研究上。从行业来讲，FDI 对中国服务业的总体效应研究、FDI 对代表性行业影响的研究均显不足，现有的实证结果也不太一致。例如，杨春妮(2005)建立实证模型对服务业 FDI 和我国经济增长的关系及作用机制进行了检验，发现虽然服务 FDI 对经济增长存在一定促进作用，但在促进产业结构升级和人力资本积累上的作用并不显著。苏楠、曹暄(2012)利用 2000～2011 年间的省际面板数据，用广义矩(GMM)方法分析了 FDI 对我国国内企业的技术溢出效应。外资进入并没有出现对国内企业的技术溢出，如果进一步对 FDI 按行业细分，制造业 FDI 对国内企业生产率起到较大的负效应，并且扩散于整个经济；而服务业 FDI 促进了制造业的增长，存在部门间的溢出效应。

二、吸收能力和企业创新

以上结论不一的研究结果说明，FDI 的溢出效应并不是一个自动得到的结果(Blomstrom 和 Kokko，2001)。所以一些学者认为，FDI 能否促进经济增长，还取决于东道国经济政策、产业和企业特定因素，也可以称为吸收能力。根据吸收能力的假设，伴随跨国公司 FDI 的新技术并不会自动传导到本地关联企业，以及其他本地企业，吸收能力的大小是受本地企业的学习能力、制度环境和金融市场影响的。东道国经济和政策环境总的来说为技术溢出的产生提供基本条件，例如，Borensztein 等(1998)发现东道国贸易政策和人力资本存量对 FDI 和经济增长的关系有明显影响。Baltagi 等(2007，2008)发现 FDI 的作用非常明显受到第三国效应，以及地区一体化政策的影响，特别是东道国的双边贸易成本。他认为："这些政策，如投资自由、人力资源培训以及其他吸引外资 FDI 的政策，而且只有当该国与外国主要消费市场距离不太远时才是有效的。"部分学者特别指出国内金融市场的发展程度对一个国家的吸收能力影响非常大。例如，Alvaro 等(2003)强调金融部门的发展对促进 FDI 技术溢出的重要作用，他认为本地企业有向跨国公司学习的动机。在发生技术转移的情况下，会利用所获得的新技术建立新企业，新企业的建立需要风险投资，资金来源假定从国内金融市场借贷，如果借贷成本过高则新企业有可能无法建立，最终技术的转移将不会发生。

此外，尽管本地企业、产业和东道国特征，这些可能会解释溢出的不同效果，部分学者也从计量方法、研究设计的角度提出质疑，认为不同方法的使用也会导致不同结果出现。例如，截面数据和面板数据的使用，解释 FDI 技术溢出效应的模型形式，代表外资的变量选择方面等(Gorg & Strobl，2001)。Nunnenkamp 和 Spatz (2003)认为分析 FDI 对增长的影响之所以没有统一结论，是因为大部分实证分析使用了 FDI 的总体数据，模糊了资源寻求、市场寻求、效率寻求之间的区别，在不同类型 FDI 基础上分类，结果证实 FDI 将刺激经济发展，特别是发展中国家。

因此，目前实证研究FDI技术外溢效应，主要是从FDI与经济增长关系来分析，还有一部分是从东道国具有的特定条件解释，如技术劳动力市场、资本积累、金融市场的发展程度。从实证结果来看，在微观经济层面的结论并没有得出一致结论，尤其是以发展中国家为分析对象时。此外，最近的研究认为需要从产业层面进行深入分析，"如果国家和产业差别对于FDI影响东道国方式是重要的，或许寻找一般性的结论会徒劳无功，问题应该从FDI如何影响东道国产业发展，转向研究什么类型的产业更容易受到FDI影响"（Sjoholm，1999）。部门间的差异使得分析总FDI增长效应存在误区，因为大部分FDI的影响是在这一层面被隐藏了，只有在进一步细分后才能被揭示。这可能就是以前研究总FDI溢出效应会发现"混乱的证据"和"不存在普遍关系"的原因（Lipsey，2002）。因此，本书在第四章根据FDI的类型，进一步研究FDI对不同部门的影响。

第四节　外商直接投资流入和产业集聚形成的相关研究

现有研究FDI流入和产业集聚相互关系的文献主要从两个角度分析，其一是论证哪些地区特征能够吸引FDI进入集群，并从中获取外部收益；其二是研究FDI进入对形成地区产业集群的作用，以及对集群结构和活动的影响。目前相关文献主要集中于第一种角度，也就是分析地区对FDI的"吸引力"。

一、产业集聚对FDI流入的吸引

较早的研究如Porter(1990)从产业竞争力的角度分析，当某地区从事专业化生产时，外国投资者会被吸引过来，以便接近并获取本地能力和知识，参与集体学习和协作。Enright (1998)认为，跨国公司能从进入集群中获益，是因为率先进入的分支机构能起到情报站的作用，收集行业和竞争对手的相关消息，并在企业内部迅速传播。Dunning(2000a)认为，同类企业的地区集聚有助于吸引FDI进入，是因为外资企业能从本地经济中获得资源、技术和本地知识外溢。Cantwell和Piscitello (2005)实证研究了跨国公司在德国、英国、意大利和法国的R&D活动的区位选择问题，以验证溢出作用以及外部性在吸引这些活动的作用。他们发现，创新有地理集中的趋势，跨国公司对集聚潜力大的地区更加偏好。Almeida(1996)发现在硅谷的外国投资，硅谷作为一个知识密集地区，这样的投资就属于"知识获取"型，换句话，FDI的目的是利用当地技术，以及接近当地知识网络。由于吸引FDI进入的地区特征并非本章主要研究目的，其他相关研究成果不再赘述。

二、FDI 流入对产业集聚的推动

关于第二种研究视角，即 FDI 流入对地区产业集聚形成的作用机制及其福利影响，目前相关研究则相当有限，且争议比较大。造成这种局面的深层原因主要在于，跨国公司所有权优势内在化企图和政府希望的外部经济之间的冲突（Phelps，2004）。内部化和外部化两种作用力，在产业集群内部产生交互作用，影响结果的不确定性造成分析上的困惑。正如 Streeten（2001）的研究，他认为跨国公司全部贡献通常具有不平等的国际收益分配，如果生产过程是不完全内在化，就会存在对外溢出，一部分租金和垄断收益将向东道国溢出，但如果能够完全内部化，则东道国只能从最稀缺的要素中获取来自跨国公司经营的有限收入。地方政府如果能够协调跨国公司活动并产生外部经济做出努力，则内在化将可能不会发生，从而导致本地经济获益。此外，Malmberg 和 Solvell（2002）认为，外资企业可能会给本地集群带来影响，如带来有价值的能力和资源，例如新知识和技术、管理技术人员以及其他生产要素。然而外资企业从集群中抽取本地产业所有权优势的话，长期也将会削弱集群未来的活力。Mariotti 等（2008）说明，当国内企业所在地区已经开始国际化过程时，外资存在将会提高本地企业的国际化程度。DeCoster 和 Strange（1993）指出，外资企业选择集聚地区作为生产区位是理性的，因为如果投资者对于投资区位不确定，则将会产生模拟其他投资者行为的倾向，因此，集聚地区往往存在"声誉效应"，使得企业彼此模仿区位选择成为最优策略。Blomstrom 和 Kokko（1998）将 FDI 正外部性的产生来源归结为前后向产业联系、人力资本、竞争和示范作用、升级产业结构等渠道对东道国产生溢出效应。国内学者最近几年在这一研究领域也进行了大量理论和实证分析，例如，冼国明、文东伟（2006）通过计算中国产业地方化和地区专业化程度，并根据比较优势理论和新经济地理学提出的相关集聚影响因素进行计量分析，他们发现对外贸易和 FDI 是中国产业集聚深化的推动力。金煜等（2006）对中国产业集聚的影响因素采用 1987～2001 年面板数据进行分析，结果发现对外开放有利于产业集聚的产生，沿海地区借助地理和历史因素在集聚方面具有先发优势。谢里、曹清峰（2012）采用 1999～2008 年中国制造业 20 个分行业数据构建的面板模型，实证分析了 FDI 渗透与产业集聚的关系，发现 FDI 和产业集聚之间存在非线性关系，当 FDI 渗透率超过门限值时，FDI 比重的增加对中低、中高和高技术产业集聚有明显促进作用。

第五节 集聚专业化对技术创新的影响

集聚对于技术创新的重要作用主要在于，集聚可以起到增加潜在技术转移的作用，并可以进一步改进技术能力。跨国公司在技术和资本积累方面一般要超过国内企业，将会进一步刺激地区产业集聚的可能性。

当然FDI进入本地产业集群也存在“技术获取”的动机，也就是跨国公司有获取东道国企业核心竞争力的动机，进入欧美发达国家的FDI有相当部分是属于技术获取型FDI，例如，Almeida(1996)研究了在硅谷的外国投资，发现硅谷作为一个知识密集地区，有相当部分的投资就属于“知识获取”型，换句话，FDI的目的是利用当地技术，以及接近当地知识网络。Cantwell和Iamnoino(2000)分析跨国公司区位选择的问题，他们发现FDI进入是和本地产业以及技术获取的机会关联，跨国公司将东道国具有的知识能力作为决定区位的一个因素。因此，产业集聚具有重要意义，既有助于集群内部外资企业对东道国企业的技术溢出，也同时存在东道国对外资企业的溢出，而对于我国目前的发展阶段来说，可能前一种更加突出。

一、集群内企业来自市场的收益

集群内企业收益会随着资源获取能力而上升，因为企业间不断进行市场交易，集群内部企业密集度高，有利于减少搜寻信息成本、交通费用之类的交易成本。企业还存在因为和上游专业供应商、下游消费者共同在一起而带来的收益，降低被特定原材料和中间品供应商、配送商挟持的可能性，便于扩大更适合的资源和能力的选择范围。此外，和同行业竞争对手的共存，可以更加便捷地了解对手相关市场、产品的最新信息，更迅速发现需求面的变化。集群内企业来自市场的收益在实证方面有很大困难，因为不好判断市场交易成本的降低是否会转换为企业利润增加。实际有可能出现，那些和市场交易成本有关的收益最终被其他参与者，如供应商、消费者、替代品生产商，或互补品生产商得到，因此，这部分收益的精确计量存在困难。

当然，集聚经济也会存在负面作用，当企业在特定地区高度集中时，虽然从整体来说会提高经济运行效率，但同时也会带来拥挤、污染、通行成本上升等问题，将会削弱由集聚经济带来的正向作用。Beeson(1987)对集聚经济和要素生产率之间进行实证分析发现，两者之间并没有明显的关系，这说明可能在集群内部各种作用力存在相互抵消的影响，所以集聚经济一方面会提高要素生产率，同样随着集聚密度的过度增长，负效应将会降低要素生产率。国内很多学者对于产业集聚和地区劳动生产率的关系也进行了大量实证分析，现有的研究大多都支持集聚经济会提高生产率。例如，范剑勇(2006)实证发现，在中国如果非农就业密度平均提高一倍，则会引起城市平均劳动生产率出现8.8%左右的上升。刘修岩(2009)利用中国城市面板数据发现，如果就业密度每提高10%，则城市的劳动生产率会大约提高11.7%。张丽华、林善浪、汪达钦(2011)使用超越对数生产函数—反要素需求函数分析框架发现，无论是全国水平还是地区层面，集聚经济对于中国技术创新的全要素生产率都存在显著的正向作用,尤其是在地区层面,集聚经济会降低创新劳动的边际成本,并增加社会对创新劳动的需求。

二、集群内企业来自知识溢出的收益

外部知识对企业创新过程非常重要,外资企业通常具有相对于国内企业更加先进的技术基础、市场营销网络、开发国际市场经验,因此,集群中的外资企业为国内企业提供了接触技术前沿,整合现有知识的机会,从而有助于新知识产生,并且提高企业的吸收创新知识能力。技术溢出主要是发生在邻近企业之间,或者是在这些企业的合作过程中。如果是有意识交流则属于知识共享或转移,无意识则称为溢出。产业内知识溢出是专业化的结果,如早期 Marshall (1920)、Arrow (1962)、Romer (1986,1990),文献一般称之为 MAR 外部性,他们指出某企业的知识积累会有助于技术接近的、相似的企业的发展,这些集聚在一起的企业能够从产业内部知识交流中获得最大收益。那么集群究竟如何影响知识溢出,具体有哪些特征?根据现有文献归纳,集群收益除了交易成本下降,主要是来自企业的溢出效应。溢出收益可以分为不同方面:一是来自同一区位的竞争企业产生的知识溢出;二是来自公共机构的溢出;三是来自供应商和消费者的溢出。

首先,在专业化集聚地区之内任何来自竞争对手的溢出都有一定程度的距离依赖。大量的研究已经证明,尤其是对包含大量缄默知识的高技术产业而言,"黏性知识"的溢出是非常依赖距离远近的。理性企业最根本的目标是通过市场获得最大收益,而获得收益非常重要的方法是技术改进和创新,对于高科技企业尤为重要。Freeman(1991)说明了集聚地区内部非正式网络对于企业创新的影响,他认为,企业的学习,特别是缄默知识的掌握,主要是依赖于集群内的非正式网络。包括企业间正式和非正式互动学习过程,使得来自竞争对手的 R&D 活动会产生溢出效应,从而使集群内其他企业创新水平得以提升。Meagher 和 Rogers(2004)提出企业都存在程度不一的创新潜力,创新能力的产生既可以通过企业内部研发积累,也可以通过吸收其他企业的知识溢出来提高。企业间知识溢出大小主要取决于集群内企业密集度、技术知识通用性以及企业本身学习能力。然而由于企业拥有的资源具有异质性,来自竞争对手的溢出效应并不是对称的,一些企业能获得更多收益。同样,相关溢出收益的性质可能随企业也有不同,某些企业或许得到技术溢出收益,其他可能得到市场收益。对于给定企业,来自集群竞争对手的溢出收益甚至有可能是负效应,如果假设其他来自集群的收益不变的情况下,则企业就存在离开竞争对手另谋出路的动机。第二,存在来自公共或准公共机构的溢出,包括大学以及一些公共基础设施,如便利的交通,显然这类溢出也存在距离依赖,在集群内部公共研究机构的成果更容易被集群内企业获得,因此,成为知识溢出来源(Acs,1992)。第三,同行业企业集聚会提供改进现有产品的机会,尽快适应新市场要求。与来自其他行业潜在消费者在同一区位，将获得相关市场需求的更加详细的信息。而与供应商在同一地区，能便于缄默知识的转移，使用最新的技术。面前两者溢出效应主要和成本有关，第三种效应既和需求有关，也与成本有关。

当市场和溢出效应均显著时，企业就有很强的动机将生产区位置于集群内，以获取额外收益。尤其是那些高科技中小企业，因为缺乏发展所需的内部资源能力，还必须依靠开发新产品来获得市场，集聚收益将会十分重要。此外，中小企业受制于 R&D 资源，特别是需要不断开发新产品的企业，从竞争对手和公共资源得到溢出收益可以降低研发支出(Audretsch & Feldman，1996)。拥有独特技术的员工在产业集群内的流动是缄默知识溢出的主要途径，当技术人员在集群内流动时，他们在原来企业所获得的技能、知识与经验自然会转移到新企业。Zueker 和 Darby (1998)发现在美国半导体与生物制药产业群中，员工流动率非常高，知识溢出现象活跃。Saxenian (1994)很早就观察到美国传统经济发达地区，如纽约、波士顿尽管具有经济先发优势，但在创新方面和硅谷地区相比并没有竞争优势。他认为，美国传统发达地区无法维持其领先地位，这主要和这些地区传统文化氛围有关。传统地区的企业家更偏好稳定的等级制度，技术、设计人员很少在社交生活中进行非正式联系。技术人员偏爱传统的社交方式，如聚餐、下班后在办公室等，而硅谷的技术人员相反经常在酒吧、咖啡馆这些地方相互交流信息、想法，包括竞争对手之间。硅谷地区技术人员之间高密度的交流更能够促进知识溢出的发生。

总的来看，在技术密集程度高的行业，集群网络在知识溢出方面具有更大潜力，而在技术密集程度低的行业，因为大部分知识已经属于集群内部准公共物品，因而产生的知识溢出效应要小。

三、产业集聚和获取外部知识

知识获取被定义为企业获得知识的过程，这一过程需要通过企业间内部和外部关系网络来完成。外部知识来源已经越来越多地吸引学者们的注意，外部来源包括一系列，诸如外部 R&D，专利购买、生产许可、战略联盟，以及其他形式的合作。因为现代创新过程需要越来越多的外部资源流入，所以获取外部知识对企业是很关键的。知识在组织间的流动并不是迅速而平均的，缄默知识又非常模糊，难以编码化，因此，大多时候需要通过重复相互接触才能更好传播(Audretsch，1998)。因此，组织间关系可以产生获取和利用外部知识的机会，在集群中因为地理和认知接近容易获得外部知识来源，而且易于共享、转移。

最早将企业集聚与获取外部知识联系起来的是 Marshall (1925)所定义的“工业氛围”的概念。他认为地理距离接近会增加合作可能，且便于技术和市场信息在同地区的企业之间交流。不过现在也有部分学者并不认可，如 Dyer 和 Nobeoka (2000)对于产业集聚在知识获取过程中的优势提出质疑，认为随着信息和通讯技术发展,已经使得主体间远距离交流越来越频繁,这就会减弱集群内企业相对优势。然而大部分学者认为,要获取缄默知识仍然需要较强的直接作用,因而通过面对面形式的传播还是必要的。此外,集群内部知识密集,可以减少企业的搜寻成本。

在那些由外资企业主导的产业集群中,相互之间在价值观、目标和文化等方面的至少更加接近,这对于创新具有重要意义,有利于企业之间信息交流,避免误解(Krause et al.,2007)。当企业具有相似参照体系,知识能够被更加有效率的交流、转移和获得。因为集群内企业以相同方式行动,具有相似的经验、制度和企业文化,企业间认知接近便于缄默知识获取。相反,文化冲突和误解会限制信息和知识获取,以及组织间学习。

四、产业集群对技术创新的影响

目前关于产业集聚对地区技术创新的促进作用已经得到大多数学者的认可,不同类型的产业集群能够强化地区产业竞争力,产业专业化是本地竞争优势来源之一。成功的产业集群体现了专业化分工、集聚经济以及其他相关收益,实现竞争与合作之间的平衡。这种竞争优势来自知识自发形成和竞争能力的逐步积累,并且如果能够紧密结合本地生产和创新网络,将更加有助于形成正外部性。

大量关于工业区的研究都强调集群内部企业由于地理上邻近是如何导致企业创新的发生。集群网络可以提高整体的知识溢出水平,从而提高内部成员吸收知识的便利程度。本集群内部企业可以用较低成本得到这些公共或本地化知识,但集群外部企业在信息获取方面要付出更高代价。很多研究表明,地区 R&D 投入增加有利于创新绩效的提升,并且两者同方向变动。究其原因,一方面集群内技术科技人员数量增加,有利于学科之间的交叉领域研究,能够带动规模经济和范围经济的出现;另一方面是大型产业集群内部往往出现由政府部门创办的公共研究机构,会加强基础学科研究,促进现有知识吸收再创新,并有利于知识外溢。

此外,集群企业具有高度的专业化分工和互补性,这产生了知识创造和知识转移动态过程。在集群内,存在协同学习过程,从而激发创新,即使那些技术密集度低的产业也会提高竞争力。例如,意大利的 Sassuolo 瓷砖产业区居然占世界出口的 1/3(Menghinello,2003)。企业间能力与合作的结合对新知识的产生和扩散非常重要,进而有利于企业创新活动的开展。竞争对手的增加将成为技术改进和创新的压力,同时本地企业间知识溢出将提高集群内企业创新升级(Baptista & Swann,1998)。物理邻近促进了知识传播,以及持续的学习过程,提供了鼓励创新所必需的主体间直接相互作用(Feldman,1994)。产业集群中外资和本地企业之间的融合也是影响创新的一个重要因素,根据 Dobkins (2004)研究,企业共同价值观、文化认同感越高,对提高创新水平越有利。首先,类似价值观这类社会文化因素，可以被认为是有利于集群网络企业间的知识整合；其次，企业间共同规范的存在便于创新理念的交流。外部知识对企业创新过程非常重要，外资企业通常具有相对国内企业更加先进的技术基础、市场营销网络、开发国际市场经验。因此，集群中的外资企业提供了国内企业接触技术前沿，整合现有知识的机会，从而有助于新知识产生，并且提高企业的吸收创新知识能力。因此，来自 FDI 的技术获取有利于识别和吸收相关知识，特别是新理念从而可以改进国内企业创新能力，使得企业得到更好的创新成果。一个具有创新和竞争力的集群将对整个区域产生正向外部性：随着集群的成长，横向和纵向生产多样化的程度将增加，将成为高竞争力的中心地区。作为知识积累的本地中心对于外部企业产生很强的吸引力，因而会吸引 FDI 流入作为生产区位。

事实上，尽管同一产业内企业生产集中会提高企业创新绩效，但这种创新收益随产业不同而有很大差别。例如，学者们发现对生物技术产业而言，集群带来的收益很大，一方面是因为该产业是较强的知识密集型产业，在一些地区很多生物科技企业被锁定于那些不能产生明显地理、环境、交通等集群受益地区，但仍然能够实现行业新技术、新成果不断涌现的现象，这与其他高科技产业有很大差别。Audretsch 和 Feldman(2003)认为，类似生物科技产业具有很强缄默知识的特点，而缄默知识的溢出非常依赖地理距离。同时 Zucker(1998)也注意到，此类产业的尖端专业知识通常被“明星企业”掌握，以及顶尖专业研究人员身上，这样就会使得其他生物科技企业在区位选择时必须集中在他们周围，这样可以获得更大程度的集聚创新收益。在美国，生物科技有关领域的科研人员在地理上主要分散于大学周围，而很多大学并不是位于拥有众多产业集群的大城市，因而生物科技企业大多位于集群以外。Aharninson(2004)发现，加拿大生物企业通常选择与同类企业集中在一起，从集群中更有可能得益，特别是从缄默知识溢出中获益更多，另外还可以从专业人力资本中得到好处。因此，那些专业知识和缄默知识比重大的产业往往倾向于专业化集聚。Maine 等(2008)用美国 45 个高科技中小企业为样本，分析了位于专业化和多样化对于企业增长绩效的影响，发现不同类型企业从集群中获得的收益差别很大，其中生物科技企业从专业化集聚中收益最大，而信息通信企业从多样化城市经济中能得到更快增长。

国内学者也在理论和实证方面进行了大量的研究，比如彭向、蒋传海(2011)利用动态面板数据实证检验知识溢出和企业竞争对地区产业创新的影响，他们研究发现，MAR 外部性与 Jacobs 外部性对我国地区产业创新的影响具有明显的正效应，不同产业互补性对创新的推动作用最大，而区域内企业相互竞争对创新有明显的负效应。张丽华、林善浪、汪达钦(2011)认为，集聚经济通过提高地区技术人员的可获得性来降低其边际成本，并发现不同地理区域内集聚经济对创新有不同影响，在全国范围内，集聚经济影响不太显著，而在东部地区的集聚经济可以显著提高技术创新水平，但对于西部地区集聚经济没有显著影响。邬滋(2010)利用空间计量模型分析产业聚集所产生的知识溢出对创新绩效的影响,并发现产业内知识溢出对创新绩效具有正面影响,多样化的集聚结构对区域创新绩效的影响在不断提高,而竞争性市场结构比垄断性市场结构对创新有着更显著的影响。段会娟(2011)利用我国2000～2007年省级制造业的面板数据采用GMM方法实证分析了产业集聚在促进区域创新方面的作用,结果发现专业化的产业结构和竞争性的市场结构对知识溢出和创新的影响更为显著。

五、来自集群的其他收益和损失

通常创新具有很大的不确定性,其来源包括竞争对手行动、市场风险、社会关系等方面。专业化集聚除了促进知识溢出,而且可以降低企业创新所面临的不确定性。Storper(1995)认为,由于创新产品的周期非常长,企业和研发人员的行为可能存在道德风险问题。而产业集群内部企业在长期博弈中形成相对稳定的规则与惯例,在一定程度上能够规范企业、人员的行为,降低道德风险。Saxenian(1991)通过对美国硅谷企业研究发现,员工间非正式网络关系是非常稳定的,有利于获得有价值的建议,甚至是资金,从而使他们在自主创业时没有后顾之忧,增加了集群内部的流动性,强化知识的溢出。此外,地理邻近性在一些情况下使企业愿意集聚在一起分享知识,可以防止搭便车,减少研发过程中的机会主义行为(Baranes & Tropeano,2003)。

但也有一些研究发现,部分地区借助FDI形成的产业集群,被证明是脆弱和短期的,跨国公司并没有将自身融入本地生产和创新体系之中,并且当外部经济条件改变,或者本地生产成本开始上升时,跨国公司将会轻易决定改变生产区位,技术转移很少或根本不会发生。一些由跨国公司主导形成的产业集群中,本地企业作为零部件供应商存在,跨国公司作为唯一买主,结果就形成买方垄断集群,本地企业的生存取决于跨国公司。如何保持外资企业对本地产生长期正向效应,其中一个必要条件是本地区存在特殊的、价值极大的区位要素,从而能够吸引、鼓励跨国公司将自身融入当地。本地特定要素就包括本地的缄默知识和信息,这些在集群之外无法扩散,构成集群的无形资产。由于缄默知识无法流动且很难模仿,这就是吸引FDI的关键因素。本地特有的无形和不可流动要素,可以防止跨国公司轻易改变生产区位,减少自我移动的倾向(Propris & Driffield,2006)。

本地特有知识要素的形成中,产业集群内部通过技术人员流动推动知识溢出发生,有助于集群内缄默知识快速转化为显性公共知识,提高知识存量促进创新出现。但是集群也可能让部分企业出现搭便车行为,理性企业就会减少在R&D方面的投入,这样反而会抑制地区创新潜力的发挥。一些经验观察发现,中小企业在R&D方面的投入相对大企业来说偏低,但同样也存在创新产品,这就能够说明集群内部研发存在搭便车的行为。此外,知识溢出的存在会降低企业研发投入带来的预期收益，尤其是竞争对手通过模仿新技术，或者借助创新产品进行反向技术推导，从而导致创新者的差异化优势维持时间进一步缩短，这可能削弱企业的研发投入，从而对区域创新带来负面影响。Boschma(2005)认为，产业集群内企业彼此接近对于创新活动而言，也会产生负向作用，因为同类企业过度密集往往导致彼此为争夺市场份额，提防本企业技术人员转投竞争对手，技术秘密溢出而出现关系过度紧张，这不利于相互学习，最终不利于集群内部创新。这种情况的发生，主要是因为企业专注于排斥内部网络关系，而丧失对外部新机会和发展的反应能力。Cantwell和Iammarino(2003)研究发现，过度依赖本地集群的内部知识可能也有意想不到的负面作用，会出现整个地区经济被锁定(Lock-in)在一个过时的技术路径。

因此，专业化产业集聚对企业和地区创新效率的影响是多方面的，从促进的角度来看，是因为集群公共知识的积累从而降低企业的R&D支出。从抑制创新的角度来看，部分企业存在搭便车动机，或者采取技术模仿策略，会导致创新型企业无法获得全部创新收益，自主的研发激励下降。此外，究竟是促进还是抑制作用占主导，还与集群的结构特征有关。在竞争的市场结构下，如果产业集群由大量中小企业组成，企业很难获得垄断收益，则知识溢出给本企业带来损失较小，那么知识具有高度的共享特征。而在垄断性市场结构条件下，领导企业知识溢出很可能削弱其垄断优势，那么此时企业就会尽可能限制溢出的发生，从而对其他企业创新带来负面作用。而目前国内很多外资主导的产业集群正是这类市场结构，这就背离了地方政府在引入外资的初衷，即提高本地企业技术能力，各地区汽车产业集群就是一个非常明显的例子，由于本地企业和外资企业互补性比较弱，一些产品同质化现象严重，本地和外资企业之间缺乏有效合作，此时技术实力较强的外资企业为避免技术溢出，通常只会在东道国使用过时的技术。McCann和Arita(2006)等研究了一些半导体行业集群发现，除非能够发现避免无意知识溢出的手段，否则大企业不会选择定位于集群之中。相反，在那些互补性强的集群，尤其是本地企业作为外资企业上下游供应商和消费者，则彼此间更愿意分享相关技术规范、技术要领等方面的知识。因为最终产品能否占有市场是取决于所有零部件的整合，任何一个环节无法达到要求，都可能影响整个产品的质量与性能，这种情况下本地企业和外资企业更容易进行技术转移和溢出，从而使创新更容易在集群内部扩散。

第六节　集聚多样化对技术创新的影响

产业间的知识溢出来自于多样化、互补性产业的不同类型知识，或是消费者和生产者之间相互服务的关系。Jacobs (1969)提出除了同一产业的企业之间存在知识溢出外，不同产业之间也是知识溢出的最重要来源，由于城市往往集聚不同产业集群,因而为创新提供了更好机会。多样化企业之间互补性知识结构导致了知识生产也具有规模报酬递增现象,不同产业的企业相互竞争动机较弱,有利于知识互补作用发挥。Scherer(1984)认为,现代经济中具有重大影响的创新技术和产品通常是非常复杂的系统工程,会涉及多个行业,这就需要产业间也要进行必要技术交流。在Jacobs研究基础上,很多学者探讨了集聚多样性的收益,但是目前集聚多样性的实证结果比较混乱。Andretsch和Feldman (1996) 利用美国企业创新数据分析后发现,科学基础相近、互补性强的产业,他们的创新活动更容易集中。集聚专业化对创新活动不存在显著性作用,而产业多样化却有显著性影响,他们认为,可能是中小企业更能从传统产业,而不是高科技集聚中受益。Glaeser等(1992)认为,如果一个产业内企业数量过多,则会出现成长缓慢的局面,这从侧面支持了Jacobs的观点,即城市中产业多样性能够鼓励创新和增长。Andretsch(1999)发现,那些具有相同科学基础的互补性的不同产业的创新活动更容易集中在城市地区。Globerman等(2005)利用企业数据发现,在北美将生产区位选择在大型、经济多样性的大城市,会产生增长效应。相反,Swann和Prevezer (1996)总结认为,对高技术企业的增长主要依靠本产业企业和就业增强,但同时也发现这种增长并不显著受到其他产业部门企业和就业人数上升的影响。例如,信息通讯产业更能够通过接近产业集群和供应商而获益,也就是受益于经济多样性。在消费者方面,当企业必须创新和商业化推广产品,他们可以从接近潜在消费者获益,因为缄默知识能够更方便地交换,信息通讯企业相对生物科技企业来说,拥有范围更广的产业消费者,而多样化的大城市能为企业提供范围更大的消费者群体,因此,企业能从下游供应链中获取更大的收益。

尽管现有关于产业多样性对创新和增长影响的实证结果是混乱的、没有一致结论,但单从理论分析,产业多样化对不同企业创新具有促进作用,主要体现在两个方面。其一是存在投入产出关联的多样化溢出;其二是相近行业具有共同基础性的互补知识,彼此为创新提供便利。因此,企业获得集聚多样化收益是一个合理的假设。尤其对于那些高技术中小企业,特别依赖于外部知识资源和其他互补性资产,从而将获得多样化集群收益。所以对于集聚专业化而言,企业间知识溢出有可能给部分企业带来搭便车的动机,从而减少研发投入。而在产业集聚多样化的时候,相关产业在知识基础上存在互补的可能性,这点和专业化集群中的高替代性不同,因而个别企业的研发活动会溢出到其他产业中的企业,但这种溢出带来的后果不会对自身带来直接的干扰,不会大幅降低赢利能力,因此,不同行业企业之间搭便车和限制的动机要弱一些。此外,由于R&D方面投入最终会提高企业在知识方面的吸收能力,这样会易于获得那些地理技术都比较邻近的企业的知识。因此,不少学者认为,不同产业集群之间知识溢出对企业、地区的研发与创新能力方面的积极效应更显著。

第七节 地区创新和创业能力对地区生产率的影响

一、创新活动和创业能力的关系

对一个地区而言，低水平的创新产出可能是两方面原因造成的：第一是私人企业和公共机构无法产生新知识、新设计、新理念；第二是私人部门在利用新知识方面比较失败（ACS 等，2006）。新知识产生不足主要与本地产业基础薄弱，或是缺乏激励创新的制度体系有关。而个人、企业在将新知识商业化的失败，可能是多方面原因造成的，例如，他们看不到潜在创新收益，则那些拥有新知识的主体将不会进行商业化投资；或者是缺乏市场信息、开拓市场失败等。

如果本地企业缺乏自主创新能力，地方政府可以通过引入 FDI 的方式来克服。外资企业的存在增加了知识溢出可能性，因而在产业发展和创新方面发挥重要作用。根据前面有关 FDI 理论，外资企业愿意进入那些能够最大程度发挥其战略资产的地区，特别信息、人力资本、技术秘密等无形资产。而内部化理论说明本地企业能更好处理法律、本地市场各类关系，从而具有"主场优势"。因此，外资企业在市场竞争中，或是在与本地企业合作过程中，利用本地企业优势的同时，存在向本地企业的技术之类无形资产转移，会产生不同程度的知识溢出。COOKE 等（2003）研究发现，充满活力的核心地区一般拥有比较完备的鼓励创业的体系，而不太成功的边缘地区则只有死板的制度，他认为创业政策与 FDI 政策融合的程度，会影响到以知识型的本地创新企业的出现。因此，创新绩效不仅与新知识创造有关，还和新知识商业化即创业问题有关。因为不同类型 FDI 会产生不同程度的知识溢出，因此，在那些与跨国公司经济活动相关行业中，部门创业活动将更加普遍，尤其是知识密集型的高技术产业的创业活动，地方政府应该更加关注将 FDI 和创业政策结合起来，利用本地公共政策支持创新和创业活动。

内生增长理论假设地区能自动从投资于新知识中获益，因为知识具有公共产品特征，能够被其他市场参与者共享，从而会进一步引起创新和人均收入的提高（Romer，1990）。尽管大量的研究说明知识存量的增加会促进全要素生产率（TFP）的提升，但是 Glaeser 等（1992）却认为知识溢出并不会自动产生，并提出了"知识过滤"的概念，即实际存在很多阻碍知识从生产地点向商业化应用地点扩散的因素。此外，Ejermo 和 Kander（2006）还发现了"欧洲知识悖论"现象，即有些国家从投资于 R&D 获得的收益要远大于其他国家，例如，瑞典、日本等国家对知识的高投资仅获得人均 GDP 的低速增长，相反，部分 R&D 支出较低的国家却有很高的人均 GDP 增长速度。如何解释这些违背直觉的现象，或许是因为并不是所有的创新努力都会最终导致更高的地区生产率，且对于地区生产率，企业家精神本身并不是唯一决定因素。创新产品的商业化应用也直接影响到地区生产率，企业在 R&D 方面获得成功的一个必要条件是必须开拓研究新知识，并且进行商业化使用，从而转化为地区生产率提升和经济发展的动力。

二、地区创新和创业能力对地区生产率影响

创新能力作为一个地区竞争优势的重要来源，可以理解为一个地区创造新知识的能力(Porter，1990)。在某种意义上，知识存量丰富的地区将为本地企业创新提供产生规模报酬递增结果的良好机会。在当今全球化背景下，资本能够在国家之间流动，它们会流向那些劳动力成本更低的地方，而鼓励创新的知识基础却无法流动(Arrow，1962)，因此，发达国家的竞争优势倾向于建立在知识技术密集型生产之上，其地区的公共政策集中于人力资本投资、R&D 和保护知识产权等方面，以此来强化知识和创新平台。技术进步和创新是先前 R&D 投入的结果，那些经济更活跃、富有竞争力的地区往往具有高技术人力资本，从而在吸收和创造新知识方面可以达到更高的 R&D 密集程度(Cantwell，1999)。

创业活动和地区生产率的关系吸引了越来越多的学者关注，他们从不同角度对此进行了分析。传统的观点认为在经济发达地区，创业能力对地区生产率的影响为正向，因为新进入市场的厂商会促使市场竞争程度上升，提供更多的高技术工作岗位，为市场提供更多更复杂的新产品，从而促进整体生产率提高。在最近的研究中，Van Stel 等(2005)发现在发达国家创业活动和地区生产率存在正相关关系，而在不发达国家则表现为负相关。Erken 等(2009)认为，随着人均收入水平的提高，创业活动对地区生产率提升的重要性不断增加，其表现为数量的下降，而质量在上升。其他学者认为不发达国家管理经济体制偏好于发挥现有企业的支配作用，而在发达国家更加注重企业家创业活动体制。总的来说，这些研究均承认创业活动对地区生产率变动的影响差异很大，这既和不同国家经济发展阶段有关，也和时间有关。

那些创新能力强，且能够迅速将创新产品和技术进行商业化生产的地区，将会经历一个快速、持续的经济发展过程。这两个条件对于改进地区生产率是非常重要的。前文曾经提到“欧洲悖论”的问题，一些知识存量高的地区经历的是人均 GDP 的低速增长，反之，另一些创造新知识能力差的地区却有高增长(Acs 等，2009)。例如，日本、瑞士拥有非常高的 R&D 支出水平，而人均 GDP 增长率却很一般，这说明创新作为单一因素并不一定会导致经济高增长。当然不同类型创业活动对地区生产率会产生不同影响。在创造性构建的过程中，敢于创新的企业家利用现有知识进行技术创新，谋取取代竞争对手的机会。而且在创新产品商业化

过程中，企业家会产生知识外溢，从而进一步产生创新的机会，它们又会被其他人发现和利用。因此，一个地区在创新方面的投资有助于提高现有知识存量。如果将创新产品推向市场的创业能力非常有效，一个地区的产出将会增长，因此，新知识的创造和企业家的创业活动之间的连接具有十分重要的经济意义。Audretsch 和 Keilbach(2008)将此观点深化，他们认为企业家在新知识的商业化过程中发挥着重要作用，因为他们成为新知识扩散和商业化的渠道。他们认为创新和创业是同时作用的，它们实际上就决定了地区生产率和经济发展。

创新既包括原创性、根本性创新，也包括渐进式创新。渐进式创新主要是指本地企业将外部市场已经存在的产品在外观、性能等方面加以改造以适应本地市场，这种“创新”产品一般仅相对于本地区或企业而言。渐进式创新在技术水平和市场不确定性方面大大降低，因为它们已经在其他市场被消费者认同，因此，一般也不存在消费者接受风险。真正的根本性创新往往需要大量的先期研发投入，而且在知识商业化过程中，由于经常存在不确定性，不但需要企业家具有敢于承担风险的冒险精神，而且要有完善的外部条件，如金融信贷支持、风险投资和知识产权保护。当企业从事真正创新时，在市场竞争中生存机会才能上升，这样才意味着成功的市场开发，企业家精神对地区生产率才会具有本质上的促进作用。

我国目前的经济增长主要来源于要素投入数量的增加，创新和创业对生产率的促进作用只在经济发达的沿海地区成立，其他地区都存在一定程度的割裂，最终导致无法有效改善地区技术能力。因此，企业更倾向于从事渐进式创新工作，承担的风险和不确定性要小得多，需要更多的是企业的学习和模仿能力，因此，企业家的创新和创业能力对生产率的影响就会大大降低，也就是说创新是地区生产率提升的必要条件，而不是充分条件。

第二章　外商直接投资、制造业集聚和创新的理论分析

在第一章中讨论了 FDI、产业集聚和创新的相关文献，详细介绍了各个领域研究的成果和最新进展，从中我们可以看出，这三个变量存在一定程度的内在关联。在本章中，将继续从理论上说明制造业集聚的微观机制，并且用新经济地理增长模型，以技术外部性为分析重点，同时分析金钱和技术外部性在促进集聚、创新和地区经济增长方面的机制。

第一节　技术外部性和集聚的关系

对于制造业集聚现象的分析，Marshall(1890)进行了经典的论述，他认为产业集聚是外部经济导致的，当企业的空间集中可以带来多方面优势：专门技能的劳动市场、协调劳动需求结构、协同创新环境、专业化生产服务业、促进地区经济、提高消费者福利，这些因素被称为"马歇尔外部性"。Krugman(1991)将此总结为劳动市场共享、专业化中间投入品、知识外溢这三个主要原因，这些外部性的存在，能够降低企业的成本，促使生产率提高，因此，会影响到 FDI 的区位选择。对引起集聚的原因进行分类，可以由图 2.1 来说明。通常集聚因素可以分为不同类型：即外生性集聚力量(第一地理因素)和内生性集聚力量(第二地理因素)。第一地理因素主要指天然区位优势，如靠近海洋、河流等；第二地理因素和集聚外部性有关，分别包括由金钱外部性和技术外部性引起的集聚力量。

世界上很多制造业集聚地区、大都市的出现是依靠自然资源、气候、河流和靠近沿海等条件。实际上，此类"第一地理"因素对生产区位影响非常大。NEG 理论提出多重均衡的概念，认为影响空间结构的机制来自于选择过程和路径依赖，可能会导致不同的空间结构出现。因此一些具有高度优势的地区，他们的历史和地理因素影响很大，类似于一种路径依赖过程，通过自身维持(前、后向关联)得以强化，这些作用排除了"第二地理"的机制。

NEG 理论包括很多不同模型来解释经济活动空间集中问题，不再研究引起集聚的"第一地理"因素，如自然资源、基础设施、气候、历史偶然等。早期的 NEG 模

型目的是用来解释在空间距离、本地市场效应和贸易成本的假设条件下的专业化和产业空间分布问题，各模型是基于不同的向心力和离心力。这些模型更关注引起集聚的“第二地理”原因，即由于金钱外部性而引起的循环累积因果关系。但是技术外部性，如知识的溢出效应，并没有在此类 NEG 模型中起到作用。

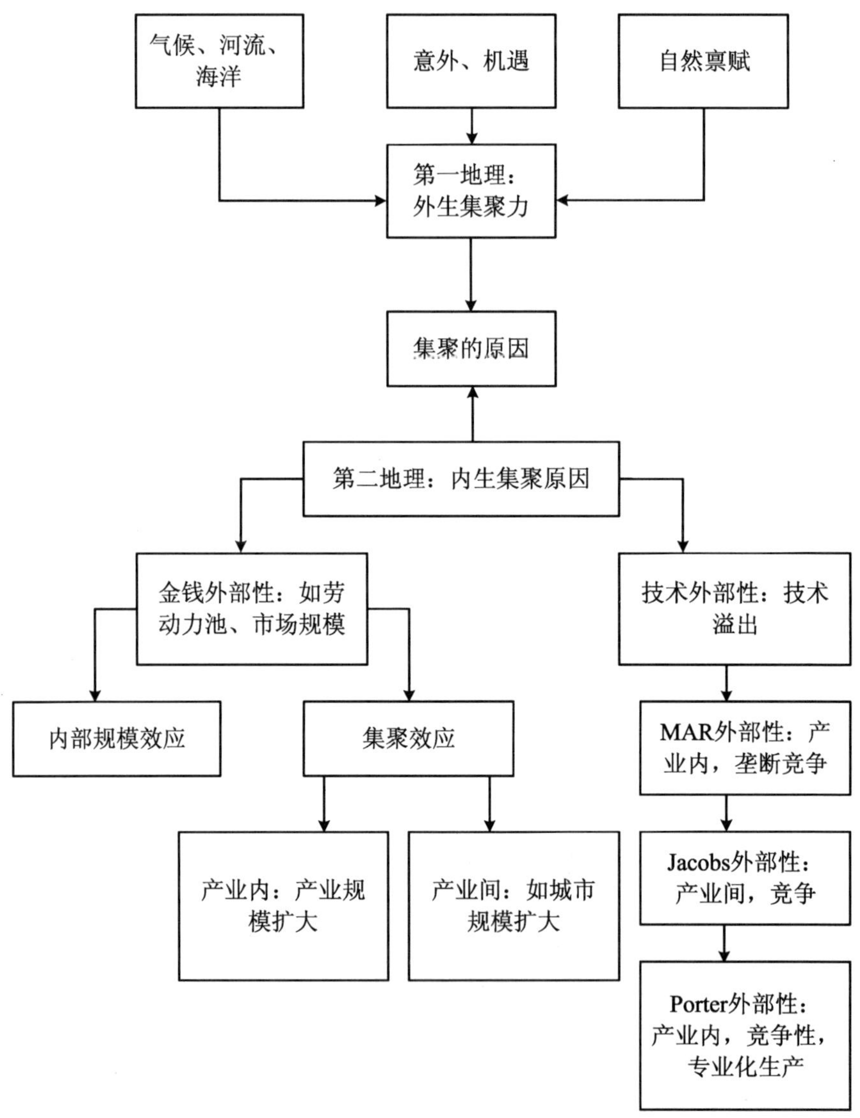

图 2.1 集聚原因的总结

因为金钱外部性是通过纯市场交易作用，而技术外部性的度量是非常困难的，所以研究更加困难。现在学者们关注知识的本地化和缄默化特征。Audretsch(1998)将缄默知识与地区集聚联系起来，他认为知识溢出可以用知识生产函数反映，创新活动倾向于发生在产业集聚地区，这样有利于缄默知识发挥最大作用，因为缄默知识不同于一般的信息，它只能非正式的传播，通常需要直接和重复性的接触。此外，Karlsson 和 Flensburg (2004)将缄默知识作为生产的空间因素，这样空间代表了一种生产的间接要素。很多新知识都具有缄默特征，这说明知识外溢的可能性随距离有很大不同。

Fujita 和 Krugman(2004)指出，知识外溢和知识的本地化溢出过程是动态的，应该在动态分析框架内完成。产业内出现的知识外部性，学者将这些外部性作为集聚的力量，特别是具有本地化知识特征时(LKS)。这一思想被第二代 NEG 模型使用，主要用来研究技术外部性问题。如 Fujita 和 Mori(2005)指出："对大多数 NEG 模型，集聚的力量主要来源于金钱外部性，通过消费者和产业之间的关联效应，而忽略了其他可能产生集聚的因素，如知识外部性，信息溢出。"

表 2.1 反映了各模型中不同的集聚力和分散力。

表 2.1　不同模型集聚力和分散力的总结

集　聚　力	分　散　力
较大市场产生的本地市场效应 HME，本地消费支出的影响	不可跨区流动的生产要素，如劳动力和企业家等
劳动力池(labor pooling)，技术工人和企业家的集聚	竞争因素，核心区消费品价格下降
垂直关联，如中间品、资源、技术劳动力投入	土地租金、通信、拥挤成本等
本地化知识外溢，知识作为一种地方化公共品或俱乐部产品	全域性的知识外部性，完全公共品

资料来源：根据相关文献整理而成。

第二节　新经济地理增长模型

一、新经济地理增长模型的基本特征

经济活动的空间集聚和经济增长是很难分割的两个过程，在增长和集聚之间强烈的正相关已经被经济学家关注，集聚本身表现为越来越多的城市化，以及在中心地区形成的各类产业集群，并因此带动地区经济繁荣和增长。如 Fujita 和 Thisse (2002b)所说："集聚可以被认为是经济增长的对应。"因此，Baldwin 和 Martin (2003)提出的新经济地理增长模型中认为，经济增长影响经济活动地理分

布，而经济地理反过来又会影响经济增长，产业集聚是通过增长极的出现和塌陷而被推动的。

尽管以 Krugman(1991)研究为代表的 NEG 模型提出了很多原创性的思想，将引起经济活动地理空间集聚的因素归为"第二地理"因素，我们可以用金钱外部性来概括，例如，产业间垂直关联、运输成本、工人流动等，金钱外部性是通过市场机制作用和刺激的，它们与技术外部性是不同的，技术外部性明显地体现出科学技术知识的公共品或准公共产品特征。与早期 NEG 模型不同，近期研究主要是关于集聚和增长之间的理论联系，说明增长、集聚以及创新的相互作用，并通过 Myrdal 的累积过程，产生突发性的空间集聚。

此类模型被称为"新经济地理增长模型"(简称 NEGG)。尽管表面来看差别不大，但 NEGG 模型和第一代相比在以下几个方面是不同的。首先运输成本并不作为导致集聚向心力和分散力的唯一原因，而由需求关联和供给关联取代并成为新的主导机制，最终也能产生突发性集聚或对称分布状态。类似通常 NEG 模型具有的特征，模型包括两个地区，需求转移是以持久收入增长的方式实现，来自于一个地区收入增加，另一个地区持久收入减少，最终需求转移将强化集聚；生产转移是以资本在一个地区积累的形成和另一个地区积累停止或减少实现。北部地区积累更多资本则会使该地区持久收入增加，进一步随着本地支出扩张而带来本地市场规模扩大，这反过来又会使企业利润增加，投资回报上升，从而进一步强化资本在北部地区的积累。其次，NEGG 模型同时具备技术外部性和金钱外部性两种作用机制，初始对称性均衡的突破和空间集聚，是通过知识扩散这样的非市场机制完成。第三，Baldwin 和 Martin (2003)模型中突发集聚相关的思想主要来源于资本不可流动性。如果允许资本完全流动，当利润被返回时，生产转移并不会引起需求转移，将会消除与需求相关的循环因果关系，因此，这种情况下模型更加稳定，不会产生突发性集聚。当缺乏资本流动时，两个相同地区之间贸易成本的逐渐下降，起初不影响经济地理分布，而达到临界点时将导致突发性集聚出现。突发性集聚就意味着在南方的主体没有个人动机去积累资本和创新。第四，最终模型的结果支持集聚和经济增长之间正相关关系。如果假设本地化的知识溢出(LKS)，知识、信息和思想的扩散在距离接近时更加丰富，并且随地理距离增加而下降，这强调了面对面交流和互动作用的必要性。知识本地化溢出的假设说明在集聚和增长之间必然存在正向关联，空间距离接近，并且主动接触创新集群将有助于提高生产率，发明和创新的效率，结果集聚被认为是知识扩散和经济起飞的副产品。

二、NEGG 模型的基本构成

NEGG 扩展了现有分析方法，大多数 NEG 模型并不特别关注资本积累或者是知识溢出。相对于新增长理论，NEGG 却考虑到空间因素，以及经济活动空间分布对增长的影响。然而物质资本的积累在早期研究中已经被广泛讨论，但是专利和设计积累，以及它们的空间分布却很新颖，人们一般不太将 NEGG 作为最新发展的主流理论，只是认为其作出渐进贡献。NEGG 有助于解释为什么新企业、创新企业 R&D 部门的出现和区位决定是独特的，且为路径依赖的思想。从这个意义来看，NEGG 也考虑地区特定历史和外生需求冲击形成的路径依赖，以及规划、设计和专利之类存量的影响。

大多数 NEG 模型集以劳动力流动作为重点研究方向，但这不适合研究增长，Baldwin 和 Martin (2003)模型中维持增长的关键是人力资本的积累，以及实物和知识资本的积累，这样技术进步具有特殊地位。因而需要将资本引入 NEG 模型，需要加入资本生产部门。NEGG 模型一般包括三部门，两地区和两产品构成 (3×2×2)。两地区在偏好、技术和贸易成本方面是对称的。将资本用 K，劳动用 L 表示。资本生产部门是部门 I(为创新和投资)，制造部门为 M，传统产品部门为 T。传统产品部门 T 生产同质产品，在完全竞争和规模报酬不变条件下生产，通过单位选择，使得 1 单位 T 产品要使用 1 单位 L。M 部门生产异质性产品，为垄断竞争市场，采用 D—S 形式。特别之处在于生产需要固定成本用 K 表示，每个种类需要 1 单位资本，这可以被理解为一种创意、新技术、专利和设备等。此外，生产还需要可变成本，单位产出需要 a_{M} 单位劳动成本，因此，成本函数可以写为 $\pi + wa_{\mathrm{M}}x_{\mathrm{I}}$，其中 π 是 K 的利润，w 是工资，x_{I} 是全部产出。

地区劳动力存量是固定的，不可流动的。因此，在 Baldwin 和 Martin (2003)模型中去掉了一个可能引起集聚的原因，各地区 K 的生产来自于 I 部门，I 是有助于创新的。如果将 K 解释为知识资本，则可以看做是人力资本；当被解释为投资品时，K 可以被理解为实物资本。关于解释资本流动性大小差别，第一，如果资本可以流动，那么 K 如果是实物资本，其流动就意味着企业生产区位改变；如果是知识资本，则是通过专利、生产许可等形式被交易。第二，如果资本不可流动，这就有点和人力资本的特征一致，在这种情况下，劳动力不能流动，也就是表示资本无法流动。I 部门生产 1 单位 K 要使用 a_{I} 单位劳动 L，因此 I 部门的边际成本 F 为 wa_{I}。注意这一单位资本在均衡时，也是制造部门的固定成本。因为生产新产品需要 1 单位资本，产品种类数量，以及企业数量简单讲就是资本存量，即 $K^{\mathrm{w}} = K + K^{*}$，我们用 n 和 n^{*} 分别表示北部和南部企业的数量，因为每个企业需要 1 单位资本，也就是 $K^{\mathrm{w}} = n + n^{*}$。然而，根据我们对于资本流动性假设，在资本流动的情况下，对于一个地区生产的资本，因为利用此资本的企业可能在另一个地区经营。因此，一个地区企业的数量，在资本流动时，与所拥有的资本数量是不一致的。NEGG 模型构成可以用表 2.2 说明。

表 2.2 NEGG 模型的构成总结

T 部 门	M 部 门	I 部 门
传统同质产品,完全竞争,规模报酬不变	制造业,水平分工生产 D-S 模型垄断竞争,规模报酬递增	专利、设计、构想、设计图构成 M-sector 的固定成本,本地化知识外溢,部门学习曲线,完全竞争产品
T 产品自由贸易,无贸易成本	制造部门产品可贸易,冰山贸易成本	I 产品,资本流动(不流动),决定产出
单位劳动成本 a_T	劳动投入 a_M	劳动投入 a_I
$p_T = p_T^* = w = w^* = 1$	固定成本:K 可变成本:a_M 单位劳动	生产 1 单位 K 用 a_I 单位劳动

资料来源:根据相关文献整理而成

三、设计、专利和知识外部性

其他部门依赖于 I 部门的知识溢出作用,知识积累可以被假设是推动集约化增长的关键因素,而不同于粗放型增长。尽管人力资本、知识资本、各种创意的存量日益增长,但怎样使要素积累能够保持盈利,且可以持续进行。这个问题通常的解决办法,大多是利用 Romer(1986,1990)假设的学习曲线。在资本生产部门,企业借助于学习效应,生产新产品的固定成本,也就是等于新专利或设计,将随着新产品种类增加而下降,因此,I 部门的特征是 R&D 成本递减。由于特定部门的学习曲线,随着 I 部门生产数量随时间的积累,生产新产品所必需的劳动投入是递减的。劳动投入将从自由贸易品向制造品和资本生产重新分配。结合 D-S 垄断竞争的概念,每个厂商只生产一种产品,这简化了生产持续增长的过程。结果是技术外部性能促进增长加快,特别是对于知识溢出本地化的情形。类似于研究 MAR 和 Jacobian 外部性的方法,因为地区内的知识集聚是递增的,R&D 的本地成本将递减。在实际中这是完全可能的,因为企业在一个地区存在时间往往很长,且企业之间相互联系密切,如果专利、缄默知识和工人跨地区流动成本大,一旦知识外溢随地理距离增加下降很厉害,则会产生比较强的向心力。

由于 I 部门越来越集中于一个地区,在资本无法流动的假设前提下,现有设计的本地化溢出,将降低本地新增企业的创新成本。在各地区内,I 部门资本(专利)存量的增加意味着 R&D 成本下降,这表示了新设计的边际成本递减,也就是牛顿所说的站在前人肩膀上的作用。

"知识可以被作为生产设计、专利、技术等形式的经济投入所带来的产出"(OECD,2000)。对于溢出机制最关注的是在 I 部门的知识资本的生产中,经济中存在部门间的学习曲线。设计、专利的生产，或 R&D 中的知识创造都将减少部门范围 R&D 的成本。I 部门的劳动生产率的增加可以归因于特定部门知识和经验的积累，制造部门生产品种，还有对于制造品种类非常重要的资本品生产成本将从部门经验增加而获益。基本假设和运行机制在单个企业层面，和整个产业空间集中均起到作用。每个企业将从新创新品种中获得新知识，整体结果是产生持续运动。因此，整体经济的增长，以及各个地区的增长，均源于不断改进的产品新种类的生产，这归因于 I 部门的成本下降。

当然模型并不排除在规模、企业存在时间、生产率各不相同的异质企业，或不同效用、偏好的异质性消费者。但假设产业内的每个企业以相同的方式从知识外部性中获益。通过技术外部性产生的知识交流和扩散是很被动且稳定的，这些外部性的基本原理可以被看做是创新网络内协作、研究成果、非正式员工交流、未公开发表的新技术的面对面相互作用，这些都是具有非竞争性的。

简单起见，标准 NEGG 模型只使用了广义溢出的概念，而没有区分 MAR 和 Jacobian 外部性，本地知识溢出就意味着本地市场的地方企业相对于外地企业，在吸收知识方面更有效率。在生产不同种类产品的厂商之间，基本 NEGG 模型对于知识溢出既包括全域性，也包括本地性含义。假定溢出只具有本地特征，某种程度上一个地区 R&D 成本依赖于企业的区位，即本地区知识资本存量，因此，北部创新成本相对于南部而言，更依赖于北部的企业数量。此外，T 部门无法吸收外溢，因此，a_{T} 是常数。我们可以将这些假设总结为

$$F = a_{\mathrm{I}}, \quad a_{\mathrm{I}} = 1/(K^{w}A), \quad A = s_n + \lambda(1 - s_n) \quad (0 \leqslant \lambda \leqslant 1) \tag{2.1}$$

其中，λ 衡量从一个地区学习到创造知识，并将其用于促进另一个地区知识创造的程度。全域性知识溢出的情形下，$\lambda=1$；而完全本地化的情形下，则 $\lambda=0$，也就是创意、技术、创新等转移过程中交易成本越高。南部地区创造部门成本函数是类似的。其中，K 和 K^* 是北部，南部累积 I 部门生产水平。以下我们引入本地化技术溢出，地区 K 表示地区资本存量和地区累积的 I 部门产出。因为企业数量、种类和资本量等于品种数量的增长率，因此，$\dot{K}^{\mathrm{W}}/K^{\mathrm{W}}=g$。

四、NEGG 模型一般假设

我们假设消费者偏好如下，采用 CES 效应函数形式：

$$U = \int_0^{\infty} \mathrm{e}^{-\rho t} \ln Q \mathrm{d}t, \quad Q = C_{\mathrm{T}}^{1-\alpha} C_{\mathrm{M}}^{\alpha}, \quad C_{\mathrm{M}} = \left(\int_0^{k+k'} C_i^{1-\frac{1}{\sigma}} \mathrm{d}i\right)^{\frac{1}{1-\frac{1}{\sigma}}} \tag{2.2}$$

其中，ρ 是时间偏好率，σ 是不同品种替代弹性，其他参数也是通常含义。农产品是单位需求弹性。主体进行三步骤的决策过程：第一，主体决定是消费还是增加储蓄或投资；第二，主体必须将预算在消费传统产品和制造品进行分配；第三，消费者必须在制造品中进行具体产品种类的选择，是通过 CES 效用函数体系。由于制造部

门的企业处于垄断竞争市场，存在规模报酬递增，因此，不完全竞争的结果使得企业专业化生产单独一个品种，因而效用函数对差异化产品的偏好导致新产品的出现。

最优效用意味着北部消费支出 E 在地区的制造品和农产品分配，其中，固定的比例 α 用于 M，其余部分用于 T。消费最优化路径也满足标准欧拉方程，其中 r 代表地区投资的收益率，如资产（设计图、专利等）。所以名义支出的时间路径如以下形式，南部最优条件也是相同的。

$$\frac{\dot{E}}{E}=r-\rho$$

只要两地生产传统同质商品 T，则 T 的自由贸易使得两地名义工资均等。将北部劳动力单位化为 $w=w^*=1$，对于制造品 M 部门，通过单位选择使 $a_M=1-\frac{1}{\sigma}$，这样其生产价格也标准化为 1。在垄断竞争条件下，均衡的利润是销售量除以 σ，利用商品生产均衡，最优价格原理，经营利润给定如下：

$$\pi=bB\frac{E^w}{K^w},\quad B=\frac{s_E}{s_n+\phi(1-s_n)}+\frac{\phi(1-s_E)}{\phi s_n+1-s_n}\quad\left(b=\frac{\alpha}{\sigma},\quad \phi=\tau^{1-\sigma}\right)\tag{2.3}$$

$$\pi^*=bB^*\frac{E^w}{K^w},\quad B^*=\frac{\phi s_E}{s_n+\phi(1-s_n)}+\frac{(1-s_E)}{\phi s_n+1-s_n}$$

其中，$s_E=E/E^w$ 是北部占世界支出 E^w 的比重；$s_n=n/(n+n^*)$ 是北部企业的比重，当资本无法流动时，这一比重是北部地区拥有的资本份额 s_k。$0<\phi<1$ 是通常交易成本的变形，用 ϕ 来衡量自由度，$\phi=0$ 就是自由度为 0，$\phi=1$ 说明完全自由，即零贸易成本。

五、知识本地化溢出和资本完全流动情况下的均衡增长

1. 三个均衡关系的推导

解决均衡增长的最直接的方法是用 Tobin 的 q 值方法（Baldwin & Forslid，2000）。Tobin 方法的本质是说明，在均衡的投资水平，设计（资本品、专利）的市场价值用 v 表示，等于资本重置成本 F。Tobin 用两个变量的比值，此条件类似于 I-SECTOR 自由进入条件，即 $q=v/F=1$。如果均衡被打破，相对于 F 来说，动态转移和循环累积因果关系将提高 V，并且会强化一个地区工业化和创新最终达到几乎完全专业化的新均衡。

Tobin 的 q 值的分子，表示引入新品种的现值。稳态 $\dot{E}/E=0$ 在两地区，因此，EULER 方程说明 $r=r^*=\rho$。而且新品种的现值依赖于新品种产生的速度，在稳态时，资本存量的增长率（或是品种数量）将是常数，而且 $g=g^*$（对称结构），或北部的 g（在 CP 结构）。在两种情况下，稳态新的 1 单位 K 的投资值为

$$v=\frac{\pi}{\rho+g},\quad v^{*}=\frac{\pi^{*}}{\rho+g} \tag{2.4}$$

等式 $V=F$ 相当于套利条件，创新部门自由进入的条件要求资本 V 值的增长率等于创新的边际成本的增长率，F 跨期的增长率为 g，连同 $r=\rho$，且利用 F 定义，可以得到地区 q 值为

$$q=\frac{\pi K^{w}}{\rho+g},\quad q^{*}=\frac{\pi^{*}K^{w}}{\rho+g} \tag{2.5}$$

利用利润方程，且在式(2.5)中 Tobin 的 q 值等于 1，模型重点关注的三个内生变量：增长率 g，在稳态时两地区相同。s_n 是在北部生产企业的比重；s_E 是北部的支出比重，这也可以被认为是衡量收入在南北部不平等程度。在完全资本流动时，s_K 是给定初始资本分配时北部的资本比重，资本存量在两地区的以相同速度增加。

由于本书主要关注的是本地化溢出，因此，在拥有企业数量最多的地区创新成本要低一些，所有创新将会发生于拥有企业更多的地区，南部地区将不会产生创新，但可以采用简单购买的方式(如果没有交易成本)。因此，如果 $s_K>1/2$，也就是当初始资本存量北部高于南部，这意味着更多企业将在北部生产 $s_n>1/2$，因此所有创新将发生于北部。在这种情况下，劳动市场均衡如下：

$$2L=\frac{g}{s_n+\lambda(1-s_n)}+\alpha\frac{\sigma-1}{\sigma}E^{w}+(1-\alpha)E^{w} \tag{2.6}$$

同时记由于世界支出如下：$E^{w}=2L+\rho FK^{w}$，资本的价值和边际成本由式(2.1)中 F 给出，连同式(2.6)，我们用 s_n 来表示资本增长率 g，那么可以得出如下均衡关系：

$$g=2bL[s_n+\lambda(1-s_n)]-\rho(1-b)\quad\left(\frac{1}{2}<s_n<1\right) \tag{2.7}$$

g 和 s_n 之间的正向关系，这就是本地溢出效应。由于存在本地化知识溢出，企业的空间集中(s_n 更高)意味着更低的创新成本，因而增长率更高。同时也应注意，在给定生产地理分布(给定 s_n)，本地化溢出水平低(即 λ 高)也意味着创新成本在北部较低(因为北部创新部门能更多从南部生产企业获得溢出收益)，其增长率 g 更高。

现在资本完全流动，那么资本区位如何选择？根据前面套利条件，地区之间利润对企业来说应该相同，地区间无差异。因此，$\pi=\pi^{*}=bE^{w}/K^{w}$，连同式(2.3)，可以得到当企业没有转移区位动机时，以下关于 s_n 和 s_E 的关系将满足下式：

$$s_n=\frac{1}{2}+\left(\frac{1+\phi}{1-\phi}\right)\left(s_E-\frac{1}{2}\right)\quad(0\leqslant s_n\leqslant 1) \tag{2.8}$$

式(2.8)给出了 s_n 和 s_E 之间的正向关系，这就是需求关联效应。

关于 s_E 和 g 之间，根据跨时期最优 $E=L+\rho vK$，可以得到最后一个均衡关系：

$$s_E=\frac{1}{2}+b\frac{\rho}{g+\rho}\left(s_K-\frac{1}{2}\right) \tag{2.9}$$

式(2.9)给出 s_E 和 g 之间的负向关系，这是竞争效应：当更多企业出现时，现

有企业垄断利润下降。因为北部更依赖于资本收入，北部收入比重和支出比重将下降。

利用式(2.7)、式(2.8)、式(2.9)求解交易成本使生产区位从北部向南部转移的条件，可以得到

$$\phi < \frac{\lambda L(1-s_K)+Ls_K}{\lambda L(1-s_K)+Ls_K+\rho}$$

其中，$s_K>1/2$，即 $s_n>1/2$，$s_K>s_n$。

如果当所有资本均为北部拥有，即 $s_K=1$，那么交易成本临界值为 ϕ^{CP}。也注意到在 $s_K<1$ 的情况下，本地溢出较低说明其他不变，则区位将转向南部。原因是较低本地化溢出意味着北部创新成本较低，因而资本价值较低，而北部拥有的资本较多。因此，较低本地化溢出将产生收入和支出更平均的分配，因而吸引企业到南部。

2. 空间均衡和效率

根据以上三个均衡关系式，当资本禀赋 s_K 上升时，将使地区不平等上升，结果导致地区收入不平等的加剧。与 NEG 模型不同在于，换一个角度思考，因为经济活动更加集中，从本地技术溢出这一点来说是更加有效率，增长率 g 更高。因此，增长和本地化溢出的引入是在空间均等和效率两者之间的权衡取舍，这对公共政策有重要意义。

首先看商品贸易成本的影响，如果贸易成本低，即自由度 ϕ 高，在给定收入差距情况下，将增加地区不平等。但这反过来提高增长率，从长期来看会降低收入不平等，可以缓和初始地区差距的影响。因此，尽管地区不平等已经增加，但通过增长率的提升，名义收入不平等是被减轻的。其次分析本地化溢出参数 λ 的作用，当 λ 增加，即从一个地区学习到的创新知识增加，也就是减少本地化溢出。例如，通过改进通讯、互联网、教育、基础设施的公共政策，降低地区间观念和信息的交易成本。这将使得给定地区生产率增加，因为垄断利润被新企业削弱，从而降低两地区间收入不平等。一般而言，增长率外生性提高将会使地理集聚下降，地区收入不平等下降。

六、知识本地化溢出和不存在资本流动情况

根据 Baldwin 和 Martin(2003)分析，引入本地化溢出的假设，则生产的地理区位将对创新成本产生影响，增长率是受到地理影响。当资本无法流动时，资本的价值，在两地区是不同的，是被地理影响。

1. 长期均衡和稳定性分析

最优储蓄/支出函数是由跨期效用最大化推导出来，可以将其解释为永久收入关系，是指 s_E 总是随着 s_K 而增加，北部资本份额上升，则北部支出比重就上升。

当考虑在两地区均创新的内在稳定性，这样 $q=1$，且 $q*=1$，现在 s_E 和 s_K 之间的关系称之为最优投资，改为存在本地溢出的情形，得

$$s_E=\frac{1}{2}+\frac{(2s_K-1)(\lambda+\lambda\phi^2-2\phi)}{2(1-\phi^2)[A(1-s_K)+A^* s_K]} \tag{2.10}$$

其中，A 是由式(2.1)给出，$A*$ 是对称的。

注意到对称均衡 $s_E=s_K=\frac{1}{2}$ 总是方程的解，其他两个可能存在的解如下：

$$s_K=\frac{1}{2}\pm\frac{1}{2}\sqrt{\left(\frac{1+\lambda}{1-\lambda}\right)\left(\frac{1+\lambda\Lambda}{1-\lambda\Lambda}\right)}\quad\left(\Lambda=\left[1-\frac{2\rho\phi(1-\lambda\phi)}{L(\lambda+\lambda\phi^2-2\phi)}\right]^{-1}\right) \tag{2.11}$$

要让 s_E 和 s_K 收敛于 1/2 时，可以计算出 ϕ 的临界值等于下式：

$$\phi^{\text{cat}}=\frac{L(1+\lambda)+\rho-\sqrt{(1-\lambda^2)[L(1+\lambda)+\rho]^2+\lambda^2\rho^2}}{\lambda[L(1+\lambda)+2\rho]} \tag{2.12}$$

当 $\phi<\phi^{\text{cat}}$ 时，s_E 和 s_K 为 1/2，此外，ϕ 值另一个临界值为

$$\phi^{\text{CP}'}=\frac{2L+\rho-\sqrt{(2L+\rho)^2-4\lambda^2 L(L+\rho)}}{2\lambda(L+\rho)} \tag{2.13}$$

得到其中一个解为负，而另一个解大于 1。因为这两个均违背了 s_K 的极限值，对应的稳态结果是拐点，即 $s_K=0$ 和 $s_K=1$。

要研究 CP 结构稳定性，可以通过分析 q^* 在 $s_K=1$ 的值，结合前面式(2.3)、式(2.5)、式(2.7)、式(2.9)推导出下式：

$$q^*\Big|_{s_K=1}=\frac{\lambda[L(1+\phi^2)+\rho\phi^2]}{\phi(2L+\rho)} \tag{2.14}$$

当 $q^*<1$ 时，CP 均衡是稳态的，因为南部没有动机再去创新。根据此条件可以得出，当 $\phi>\phi^{\text{CP}'}$ 时，$q^*<1$，即模型 CP 结构是稳态的。

对称均衡的稳定性可按照 $\partial q/\partial s_K$ 的符号在对称均衡时的状态，q 对 s_K 求偏导，可以得出

$$\left(\frac{\partial q/q}{\partial s_K}\right)\Bigg|_{s_K=1/2}=2\left(\frac{1-\phi}{1+\phi}\right)\left(\frac{\mathrm{d}s_E}{\mathrm{d}s_K}\right)\Bigg|_{s_K=1/2}+\frac{4}{1+\lambda}\cdot\frac{1+\phi^2}{(1+\phi)^2}\left[(1-\lambda)-\frac{(1-\phi)^2}{1+\phi^2}\right] \tag{2.15}$$

其中，当 $s_K=1/2$ 时，计算出 $\partial s_E/\partial s_K=2\lambda\rho/\{(1+\lambda)[L(1+\lambda)+\rho]\}$，我们看到当贸易成本足够低，即 ϕ 值接近 1 时，式(2.15)为正值，表示系统是不稳定的。第一项为正，它代表不稳定作用力，这是需求关联效应，即 s_K 的增加会增加北部资本收入，支出比重和本地利润，以及创新的价值(q 值衡量)均上升。此效应缺乏稳定性，在分析资本流动的情形下，因为一个地区利润的增加将导致资本流动，而不利于本地资本积累，在资本无法自由流动的情形下，唯一的调节机制是当一个地区利润增长，导致此地区企业积累更多资本，直至达到积累资本的最终利润回到零值。这种本地积累过程产生更高的永久收入，以及更高水平的支出，也就是循环因果关系。第二项为正，可以被认为是本地溢出效应，即当 s_K 上升意味着在北部创新成

本下降，因而会增加北部创新的动机。而最后一项为负，是稳态时的市场拥挤效应。显然减少贸易成本（即增加 ϕ）将更迅速减弱市场拥挤作用力，要超出减少的非稳态的需求关联效应。

2. 突发性集聚的可能性

如果出现$^{cat}<\phi^{CP'}<\phi^{CP}$这种情况，那么在本地化溢出的假设前提下，在贸易自由度不断更高时可能会引起突发性集聚。图 2.2 总结了模型稳态特征，图中的 ϕ 和 s_K 作为坐标轴。这说明直到 ϕ^{cat} 只存在对称均衡，且是稳定的，ϕ^{cat} 也就是所谓的突破点。当贸易成本在 ϕ^{cat} 和 $\phi^{CP'}$ 之间时，对称结构开始松动并失去稳定性，这就成为"鞍点"，即临界分叉点，将存在两种稳态非对称内部均衡，路径从分叉所示。然而当贸易成本大于 ϕ^{CP}时，则只存在 CP 结构均衡，且是稳定的，选择两条路径：集聚于南部或北部，其决定取决于模型以外的外生影响（存量，地区组织），对于这些路径，历史因素将有重要影响。此外，s_K 不能剧烈改变，只是渐进的得到，因为缺乏资本折旧，南部的资本份额不会到零值，即使停止投资（即在 ϕ^{CP}之后），因而从对称均衡向非对称内部均衡转化是平滑的。

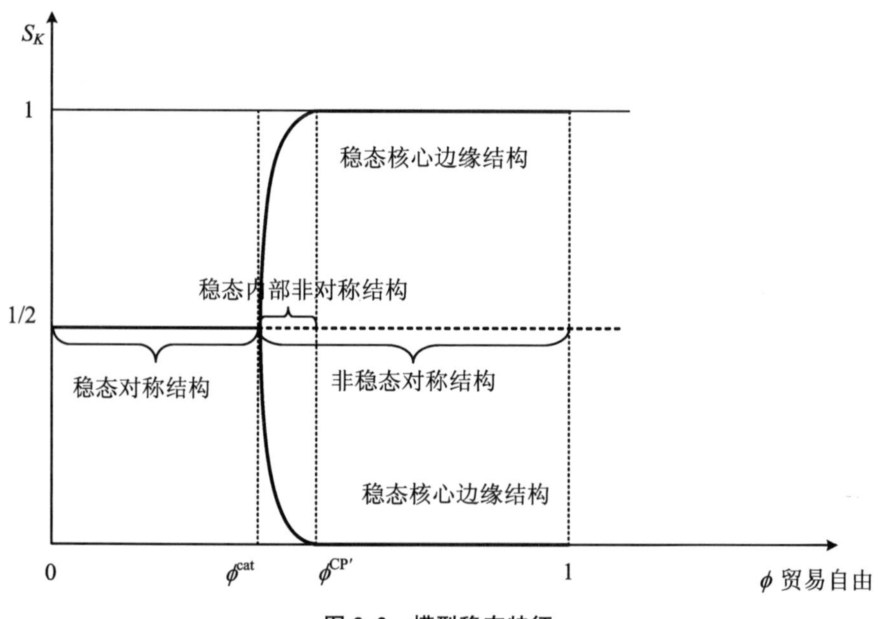

图 2.2　模型稳态特征

3. 对增长率的影响

引入本地化溢出效应意味着经济地理影响到增长率，并且模型产生内生性增长。伴随交易成本随时间下降，即自由度 ϕ 上升，则存在不同的增长阶段，那么随着经济地理按非线性方式改变，增长率本身也会按非线性方式改变。当交易成本很高，即自由度很低在 $\phi<\phi^{cat}$时，经济活动是在两地区平均分散的，这说明知识溢出效应是最小化的，而创新成本是最大化。利用最优化投资条件 $q=q^*=1$，以及

$s_K=s_n=1/2$ 的假设，根据式(2.7)可以得出增长率在第一阶段为

$$g = bL(1+\lambda) - \rho(1-b) \tag{2.16}$$

因此，增长率 g 是随 λ 渐进而增加，当 $s_K=1$ 时，知识溢出效应最大化，这样创新成本最小化。再一次用式(2.7)，当 $s_K=s_n=1$ 时，此阶段增长率为

$$g = 2bL - \rho(1-b) \tag{2.17}$$

当贸易自由度较高时，在最后阶段的增长率要比第一阶段增长率更高。在前一阶段创新在南方是停滞的，南方专业化与传统产品的生产。在中间阶段，我们称之为起飞阶段，也就是当自由度在 $\phi^{cat}<\phi<\phi^{CP'}$ 时，增长率不存在解析解。然而，可以将临界分叉作为起飞阶段的特征，系统在限定时间范围内，由邻近的对称均衡到达非对称均衡。

这样就是说当商品交易成本逐渐下降(ϕ 上升)将导致，一旦贸易自由度超过一个临界值，将产生突发性集聚，一个地区创新活动加速上升，也就是实现起飞，而另一个地区创新活动停止。北部(起飞地区)进入良性循环，其资本份额的上升扩展了相对市场规模，减少了相对创新成本，这反过来会进一步刺激创新和投资。相反，南部进入恶性循环，财富的减少将导致创新成本上升，从而创新活动停止。因此，增长影响地理，反过来地理也会影响增长，增长极的产生和塌陷推动了集聚的产生。

七、关于 NEGG 模型中的循环因果关系的总结

地区增长和集聚之间的相互作用特别依赖于生产要素的流动性，在 NEGG 中，根据流动性来构建 I 部门的资本。如果资本是不流动，则推动空间集聚的向心力以及地区增长，其本身就是造成集聚的原因。也就是产业部门发生的集聚最终会导致核心—边缘结构将会出现，因为在去工业化的南部地区企业没有动机去积累资本，这就逐渐沦落形成边缘地区。

NEGG 的内部机制类似于 NEG 模型，所有模型均要求供给和需求方面的关联，这就会导致循环累积因果关系发生。在 NEGG 模型，循环因果被定义为以下机制：地区间的生产转移以资本积累的形式模型化，需求转移效应将导致工业化的核心地区永久收入增加，而相反的结果是边缘地区的永久或长期收入下降。集聚现象的出现将由基本的资本流动假设来决定。

如果我们考虑北部地区具有更多的专利设计、创意知识的情形，假定贸易成本较高，南部边缘地区将承受较高 R&D 成本，因而设计和制造业部门的固定成本较高。如果两地区均从事创新，则南部 R&D 活动必须以更高的经营利润 π 作为补偿。如果我们现在假设贸易成本下降，因为北部地区利润更高 $\pi>\pi^*$，则越来越多的企业将产生自我维持的过程，这一过程代表了一种向心力，将促进集聚以及创新活动集中于一个地区。Baldwin 和 Martin(2003)对比了经济一体化带来贸易成本

下降的情形，将最终导致北部地区出现 I 部门和 M 部门的集聚。

我们在基本 NEGG 模型假设基础上总结了循环因果关系，现有模型最终产生出核心—边缘结构分布的基本机制，是在严格的假设前提下产生的，资本不能自由流动，本地化知识外溢(也就是不存在跨地区学习效应)。两地区之间的生产转移和支出转移可以用图 2.3 所示的需求关联循环表示。

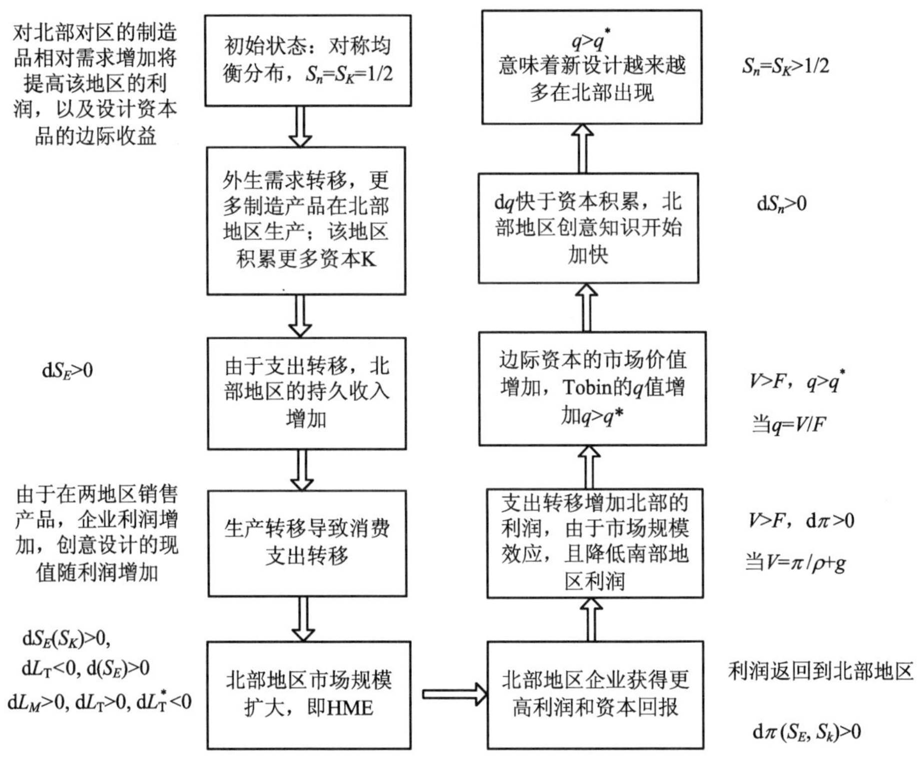

图 2.3　需求关联循环累积因果关系

很重要的一点需要指出，I 部门知识的区位会产生完全不同的集聚力。这一新集聚力非常类似于在 I 部门发生的成本关联，可以称为知识关联循环因果关系。也就是如果一个地区拥有的知识更多一些，将会由于成本低而变成更有吸引力的地方，来生产更多知识。因此，知识生产更快的速度将维持和深化地区优势。初始微小的“知识转移”导致“知识生产的转移”，这反过来又会导致“知识转移”。

图 2.4 所示的循环显示出产业份额和生产规模改变对空间支出转移的额外影响。支出转移本身也引起北部地区额外对新专利创意的投资。然而因果关系经常是由初始的外生冲击引起的，最终集聚地区增加了专利生产价值存量，这使北部地区的 Tobin 的 q 值相对于南部地区上升。因此，主体将追加投资 I 部门的专利之类资本品生产，从而增加了北部地区专利存量。而且消费支出 s_E 总是随资本份额 s_K 增加，生产转移会刺激消费支出转移，而消费支出反过来通过本地市场效应

(HME)也促进生产转移。图 2.4 说明了资本积累和本地区对设计(专利)边际成本的投资之间呈正相关关系,因而对 Tobin 的 q 值,将推动集聚。增长关联的全部影响是降低设计新产品的成本,这会导致新产品出现和 I 部门的就业率上升,而 T 部门则下降。比较一下可以看出,商品低交易成本和创意知识低交易成本之间有明显的差别。商品的低贸易成本如果引发了集聚的过程,可以强化收入的差距。而创意知识低交易成本则有相反的效果,这可以令中心一外围结构均衡变得不稳定,并且引发一个突发性的,在外围地区发生的快速工业化过程,这会导致趋同现象。

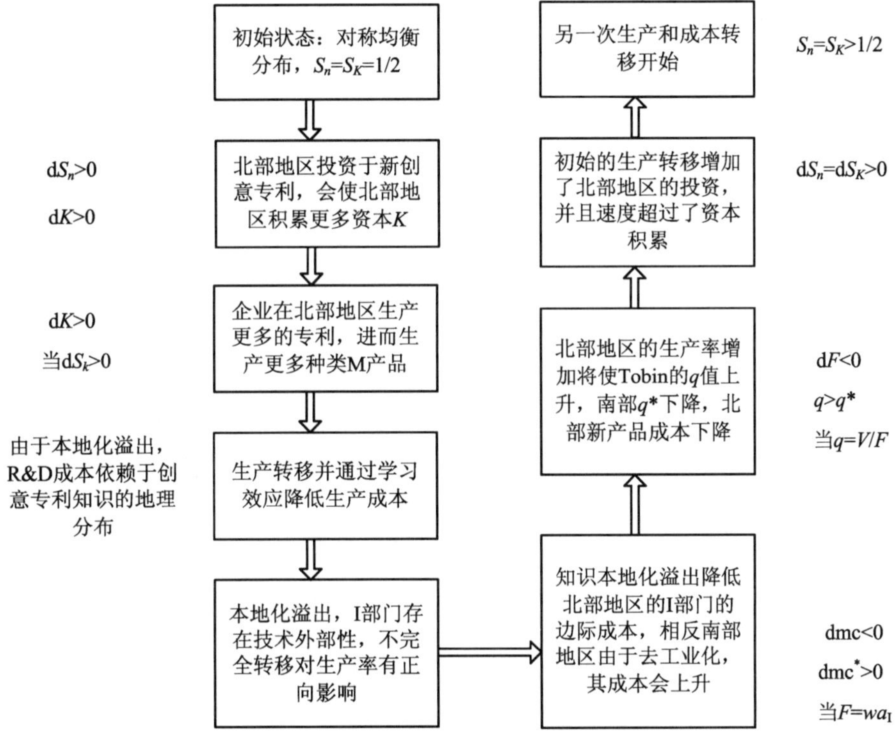

图 2.4　NEGG 中的知识关联循环因果

南部地区 I 部门能够进入良性循环的原因在于,起初在北部完全集聚这种情况时,λ 的逐渐增加,即由于通信成本下降而导致知识溢出范围扩大。开始对南部产业不会产生什么影响。然而逐渐南部创新成本下降,Tobin 的 q 值在南方将随 λ 是上升。当 λ 足够大时,q^* 将大于 1,南部将开始创新。所以北部经济起飞时,南部的经济将进入良性循环,随着投资增加,南部地区财富和永久性收入上升,因而南部市场规模和本地企业利润增加。反过来,随着南部产生的专利创新数量增加,未来创新的成本将下降,这个过程意味着投资率的攀升,即 Tobin 的 q 值在南部开始大于 1,并且快速工业化,最终南部和北部地区之间的收入有趋同的迹象。

第三节　模型的基本结论

在大多数 NEG 模型中，集聚是非赢即输的结果，一个地区居民从产业集聚中得以提升福利，而外围地区的居民实际收入下降。但如果存在内生增长和知识本地化溢出，结果将存在不同的可能性。

（1）随着贸易自由度上升将产生不平衡的空间地理分布，中心地区人均实际收入上升，外围地区下降。根据图 2.1 和式（2.16）、式（2.17）可知，地区不平衡的出现是伴随所有地区更快的增长率，也就是实现经济起飞。对两地区福利的分析，直观的感受是低贸易成本将使所有产业向北部地区转移，北部从集聚中获得收益和更快的增长。而南部从集聚中受损，但从更快增长中收益。这解释了为什么南部地区起飞后的福利总是低于北部。因此，对于外围地区会产生由区位改变引起的静态损失，和由于增长率提升引起的动态收益两者之间的权衡。总的来说，只要南部制造品支出比重不是太小，起飞后交易成本下降总是会改进南部地区福利，因为会降低来自北部进口品的价格。

（2）地区之间经济融合在现实世界中表现在多个方面，除了通常的资本和劳动力的跨地区流动以外，还表现在创意知识和专利之类跨地区流动的成本，也就是知识溢出效应，这也是地区经济融合中非常重要的内容，有助于外围地区经济的起飞和良性循环产生。

（3）集聚和增长相互作用的对政策分析具有重要意义，按照标准 NEG 模型的分析，因为产业集聚总是使核心地区受益，而外围地区受损，因而往往导致外围地区政府具有更严厉的保护性政策倾向。而在 NEGG 模型中，结果并没有如此悲观，不断降低的贸易成本确实会造成地区发展失衡，中心地区人均实际收入上升，而外围地区下降。然而地区不平衡的出现也伴随着所有地区更快速的经济增长，而经济起飞在一定条件下对外围地区的福利长期是有利的。因而考虑国家层面的地区性政策，其试图避免产业的集中，这可能会使国家整体在增长方面受损，而 NEGG 模型认为，实际上在集聚—效率之间需要慎重权衡的各种可能性。

本章对 Baldwin 和 Martin(2003)提出的新经济地理增长模型(NEGG)进行了分析说明，该理论以技术外部性为分析重点，通过使用部门范围学习曲线使 I-SECTOR 的 R&D 成本下降。NEGG 模型的比较新颖之处是同时分析金钱和技术外部性，同时在促进集聚、创新和地区经济增长方面的机制。创新和增长本身作为受资本积累影响，这也能够反映技术进步的程度，NEGG 模型能够得出包括高技术制造业生产和 R&D 活动的核心一外围结构，但结论依赖于资本流动性和知识外溢空间范围的假设。这两种情况都能产生向心力，关于向心力和离心力的作用强度依赖于经济整合过程中的贸易自由度的大小。

该理论具有更加丰富的政策含义，集聚的产生不仅来自集聚经济，本地化的知识外溢能产生特别的集聚和增长模式。现有大多数新经济地理的经验文献强调金钱外部性对经济增长和经济地理的巨大影响，而 NEGG 模型进一步升级结构，向知识扩散方面发展。尽管实证结果现在对是否 MAR 或者 JACOBS 外部性最终推动产业集聚给予明确的结论，但绝大多数实证研究都清楚表明知识本地化溢出确实产生作用，会影响到企业区位决定、R&D 活动空间分布、产业集聚以及创新活动。关于知识外溢、R&D 空间依赖性、专利活动的实证研究强调生命周期方法的重要性。目前集聚更多是由以异质性知识为基础，也就是由 JACOBS 外部性决定的。产业间知识溢出也是引起集聚的重要力量，尤其是在大城市内部。但关于知识本地化溢出这个概念被广泛使用，但研究并没有成功解决具体过程机制的黑箱问题。

第三章　外商直接投资与中国制造业产业集聚的作用机制分析

二十多年以来，中国制造业产业集聚已经成为最显著的经济现象之一。我国产业集聚在发展的初期阶段带有自发性，直到20世纪90年代，沿海地区产业集群逐渐发展，并带动地区经济增长，各级地方政府开始将加速推动产业集群作为发展地区经济的工具。据统计，目前中国东部沿海省份中，产业集群生产的新增产值占地区GDP的50%以上。而另一方面，一个明显的现象是产业集聚程度高的地区往往也是FDI流入较多地区，而且在世界其他国家也大致如此，那么我国FDI流入和产业集聚之间具有怎样的关联？FDI通过何种途径导致产业集聚现象的产生？本章在第一、二章相关理论和实证分析的基础上，首先分析我国FDI数量和结构在近些年的变动情况，然后研究FDI对我国产业集聚形成的作用机制，最后以爱尔兰通过制定FDI政策来促进本国产业集群发展的成功经验作为案例分析，这对于我国FDI政策也具有借鉴意义。

第一节　我国外商直接投资流入的数量与结构变动

改革开放后，随着中国取消对于FDI流入的限制，特别是从20世纪90年代开始，外国直接在华投资的数量开始迅速增加，根据统计年鉴相关数据显示，在2010年实际使用外资为1057亿美元，为1990年的34倍之多，这使中国成为吸引FDI最多的发展中国家。FDI大幅流入一方面缓解了改革开放初期国内资金不足的问题，另一方面也带来了先进技术和管理经验，对我国经济快速增长有明显的影响。如图3.1所示。

由于国家实行由东向西逐步推进的对外开放政策，FDI的分布非常不均匀，加大了地区间经济差距。东部地区拥有优越的区位优势，地理位置更接近外部市场，

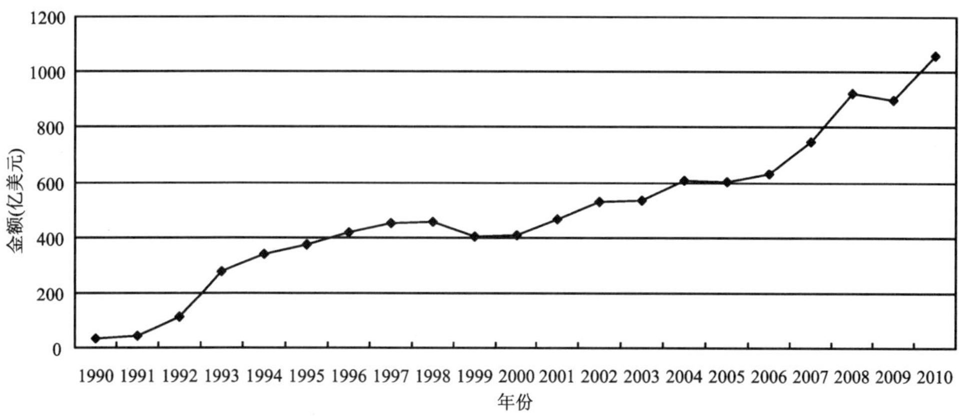

图 3.1　1990～2010 年中国外商直接投资金额变化

对外交通通讯发达，人口稠密，因此，成为外商投资最先流入的地区①。而且随着FDI 的持续流入，产生一种累积因果效应，吸引更多的外商投资在东部地区集聚。据国家统计局和商务部提供的统计数据，在 1995～2008 年期间，实际利用外资总额中，投向东部沿海地区平均在 80%以上，2008 年我国实际利用外商直接投资的 76.5%都集中在东部发达地区，其中广东为 14.4% ，江苏为 17.7%，上海为 7.1%；中部地区呈现稳步增加的趋势，在 2008 年达到 11.43%；而西部地区变化不大，平均保持在 5%左右，其中在 2008 年为 6.1%。从表 3.1 还可以看出，伴随 FDI 的分布严重不均匀，已经影响到我国各地区经济发展速度，东、中、西部地区 GDP 的绝对差距和相对差距都在趋于扩大。根据实证分析，东部发达地区与西部落后地区之间 GDP 增长率的差异，大约有 90%是由外商投资引起的(魏后凯，2002)。如表 3.1 所示。

表 3.1　中国实际利用外资的区位分布情况

年份	东部地区		中部地区		西部地区	
	GDP	FDI	GDP	FDI	GDP	FDI
1995	55.55%	86.09%	26.09%	8.86%	18.26%	5.05%
1996	55.24%	86.53%	26.55%	9.29%	18.11%	4.19%
1997	55.29%	83.92%	26.69%	10.50%	17.92%	5.58%

① 东、中、西三大经济区域的划分依据国家统计局的统计口径，东部地区包括北京、天津、河北、辽宁、上海、江苏、浙江、福建、山东、广东、海南。中部地区包括山西、吉林、黑龙江、安徽、江西、河南、湖北、湖南。西部地区包括内蒙古、广西、重庆、四川、贵州、云南、陕西、甘肃、青海、宁夏、新疆。其中海南数据计算并入广东，重庆数据计算并入四川，香港、澳门、台湾和西藏的数据未计。

续表

年份	东部地区		中部地区		西部地区	
	GDP	FDI	GDP	FDI	GDP	FDI
1998	55.96%	85.25%	26.28%	9.56%	17.65%	5.19%
1999	56.66%	86.18%	25.80%	9.22%	17.42%	4.60%
2000	57.29%	86.50%	25.58%	8.91%	17.01%	4.59%
2001	57.50%	87.01%	25.41%	8.85%	16.96%	4.15%
2002	57.91%	86.63%	24.92%	9.55%	17.03%	3.82%
2003	58.49%	85.73%	24.57%	11.02%	16.80%	3.25%
2004	58.38%	85.50%	24.72%	11.27%	16.77%	3.23%
2005	59.63%	81.02%	23.44%	13.59%	16.81%	5.39%
2006	59.68%	82.47%	23.19%	11.43%	17.01%	6.10%
2007	59.27%	78.81%	23.36%	14.85%	17.24%	6.34%
2008	58.38%	76.50%	23.81%	15.00%	17.68%	8.50%

数据来源：根据各年度国家统计局编制《中国统计年鉴》相关数据计算得到。

根据各年度实际利用 FDI 金额排序，前五位的省份也在发生变化，可以看出 1991 年 FDI 的流入还比较分散，然后随着东南沿海地区经济的快速发展，FDI 主要流入到该地区，中西部省份相对来说要少得多。如表 3.2 所示。

表 3.2 实际利用外资前五名的省份分布情况

位次	1	2	3	4	5
1991	江苏	北京	辽宁	福建	广东
2000	山东	上海	福建	江苏	广东
2005	上海	浙江	山东	广东	江苏
2010	浙江	上海	辽宁	广东	江苏

数据来源：根据各年度国家统计局编制《中国统计年鉴》相关数据计算得到。

从 FDI 行业分布变化趋势来看，在多数行业总量递增的基础上，制造业是外商直接投资的重点部门，所占比重一直比较大。2000 年，制造业实际利用外资金额为 258.4 亿美元，占全部的比重为 63.5%；2005 年制造业实际利用外资金额为 424.5 亿美元 ，占全部的比重为 70.4%；2010 制造业实际利用外资金额为 495.9 亿美元，占全部的比重下降到 46.9%；虽然所占比重这几年呈现略微下降的趋势，但仍然占比重在 50%左右。此外服务业 FDI 流入近几年开始上升，例如，2000 年房地产行业实际利用外资金额为 46.5 亿美元，所占比重为 11.4%，到 2011 年为 268.8 亿美元，所占比重上升到 23%，其他服务行业也呈现上升趋势，因此，FDI 行业分布还是以制造业为主，逐渐有多样化发展的趋势。如表 3.3 所示。

表 3.3　制造业实际利用外资情况

年份	制造业 FDI(亿美元)	FDI(亿美元)	所占比重
1997	281.2	452.6	62.1%
1998	255.8	454.6	56.3%
1999	226.0	403.2	56.1%
2000	258.4	407.2	63.5%
2001	309.1	468.8	65.9%
2002	368.0	527.4	69.8%
2003	369.4	535.1	69.0%
2004	430.2	606.3	71.0%
2005	424.5	603.3	70.4%
2006	400.8	630.2	63.6%
2007	408.6	747.7	54.7%
2008	498.9	924.0	54.0%
2009	467.7	900.3	51.9%
2010	495.9	1057.4	46.9%

数据来源：根据各年度国家统计局编制《中国统计年鉴》相关数据计算得到。

正因为如此，近年来学术界对外商直接投资对东道国经济的影响进行了大量的实证研究。对于跨国公司 FDI 的区位选择，可以从两方面理解。第一，FDI 对于国内企业有促进作用，特别是发展中国家，不少学者认为可以加快东道国经济增长，增进居民福利，但是在一国以内 FDI 分布的失衡会使地区之间经济发展不平衡；第二，跨国公司区位决定和国内企业相比有明显差异，因为决定区位的相关因素对于国内和国外投资者来说是不同的。外国投资者相对而言，劣势表现在对地区优势的了解、详细信息、风俗偏好、高昂的搜寻成本等方面(Caves，1996)。因此，现有外资企业的集聚便于进入者通过商业关系收集本地市场信息，而且集聚本身就显示了地区潜在优势。

第二节　我国产业集聚的地理和行业层面变动

从 20 世纪 90 年底开始，中国制造业产业空间分布不均衡现象越来越突出，很多学者用不同的指标对我国产业集聚程度与变动趋势进行了大量研究,并且也得出不少有益的结论。本节主要从行业和省际层面来说明我国产业集聚的变动趋势,以更全面地反映制造业产业空间结构的变迁。

一、从行业层面分析

从行业层面来分析产业集聚变动,主要是测量同一行业在全国各地区集聚程度的累加值。如果某个行业的大部分产值是由一小部分地区完成,则可以认为该行业集聚度比较高。在通常的衡量指标中,空间基尼系数与 EG 指数是目前使用比较多的两个指标。

1. 空间基尼系数(Gini 系数)

众所周知,洛伦兹在研究居民收入分配时为反映社会分配是否平均而采用洛伦茨曲线来描述。此后基尼在洛伦茨曲线的基础上简化了收入分配平均程度计算,也就是基尼系数这一指标。在空间经济学研究中,一些学者如 Krugman (1991b)将基尼系数进行改进,用来衡量产业在地区间的分布均衡程度,这就是空间基尼系数。通常可以根据就业和产值两个数据来计算空间基尼系数,是目前使用较多的一个指标,取值范围为 0 到 1,数值越高,表明某产业地理集中度或某省专业化程度越高。产业地理集中的基尼系数计算公式如下:

$$G = \sum_{i}(s_i - x_i)^2$$

其中,G 代表行业空间基尼系数,s_i 为 i 地区某行业的产值占全国该行业总产值的比重,x_i 是该地区制造业产值占全国总产值的比重。

2. EG 指数

由于空间基尼系数没有考虑企业规模因素,所以如果一个地区存在大企业,则计算结果不太准确,因此,Ellision 和 Glaeser(1997)用新指标来替代,以一个包含企业规模因素在内的指标反映集聚程度。假定一个行业有 i 个企业,分布在 m 个地区,则该行业 EG 指数为

$$EG = \sum_{j}(s_{mi} - x_m)^2$$

其中,s_{mi} 为 m 地区 i 行业的产值(就业人数)占全国该行业的比重,x_m 为 m 地区产值(就业人数)占全国的比重,如果进行细化,EG 指数如下:

$$EG_i = \frac{\sum_{m}^{M}(s_{mi} - x_m)^2/(1-\sum x_m^2) - H_i}{1 - H_i}$$

其中,H_i 为行业 i 的赫芬达尔指数,本书参照现有一些文献的计算方法,对此进行

修正。表 3.4 是用就业人数计算的部分行业 EG 指数[①]，一般来说，$EG<0.02$ 是集聚度较低；$0.02\leqslant EG<0.05$ 是中等程度集聚；$EG\geqslant 0.05$ 表示该行业为高集聚度。可以很明显看出绝大部分行业在过去 20 年间存在集聚度上升的趋势，部分行业已经呈现出中高度的集聚现象，例如纺织业、塑料制品业、电气机械及器材制造业、通信设备、计算机、仪器仪表、办公用机械制造业等。还有部分行业集聚度变化不大，如造纸、橡胶制品、金属制品等。但从平均来看，1999 年行业平均 EG 指数为 0.043，而到 2007 年行业平均集聚度已经达到 0.06，因此，整体的集聚程度增幅是相当大的，上升了 40%，所以制造业行业目前的产业集聚度是比较高的。从行业划分，集聚现象突出的主要资源密集、技术密集型行业。如表 3.4 所示。

表 3.4 部分制造业行业 EG 指数情况

行 业	1999	2001	2003	2005	2007
纺织业	0.0316	0.0351	0.0454	0.053	0.0611
纺织服装、鞋、帽制造业	0.1011	0.09	0.0938	0.087	0.0864
造纸及纸制品业	0.0147	0.0206	0.0248	0.0282	0.031
印刷业和记录媒介的复制	0.0171	0.0232	0.0456	0.0613	0.0716
化学原料及化学制品制造业	0.0104	0.0112	0.0114	0.0103	0.0141
化学纤维制造业	0.0349	0.0457	0.0672	0.071	0.0812
橡胶制品业	0.0244	0.0274	0.0381	0.0387	0.0415
塑料制品业	0.063	0.0672	0.0815	0.0956	0.1007
非金属矿物制品业	0.0056	0.0059	0.0075	0.0081	0.0109
金属制品业	0.0384	0.0481	0.0648	0.078	0.0843
通用设备制造业	0.0242	0.0288	0.0366	0.0422	0.0455
专用设备制造业	0.0176	0.0209	0.0136	0.0173	0.0211
交通运输设备制造业	0.0191	0.0191	0.0189	0.0202	0.0212
电气机械及器材制造业	0.0387	0.0556	0.0887	0.1187	0.1213
通信设备、计算机	0.104	0.1335	0.1691	0.1963	0.1854
仪器仪表、办公用机械制造业	0.0384	0.0445	0.0923	0.102	0.1019

数据来源：根据各年度国家统计局编制《中国工业统计年鉴》相关数据计算得到。

① 注：该指标数据计算参考了李晗斌 2011 年博士论文《FDI 对中国工业集聚的影响研究》。

二、从省际层面分析

从省际层面考察制造业产业在地区分布情况，本书主要采用最常见的计算各省市制造业产值占全国制造业总产值的比重，考虑到数据的可获得性，我们选取了2000～2010年间的数据计算，由于数据有限，海南省、青海省、宁夏回族自治区、西藏自治区以及中国香港、中国澳门、中国台湾的数据并未计算在内。

根据表3.5的计算结果，在2000年，制造业比重在5%以上的省份有7个，而在2010年，制造业比重在5%以上的省份仍然为7个，其中东部地区占6个，中部地区为1个，数量格局基本不变。但是从地区角度来看，东部地区在2000年，制造业比重为60%，而在2010年则上升到69%左右。经济最发达的三个地区广东、山东和江苏比重之和在2010年达到36%，而在2000年，三省之和为30%，在11年时间内提高了20% 。更进一步，在制造业比重超过5%的省份中，除了河南以外，其他6个地区均处于长三角、珠三角和环渤海地区。从以上数字可以看出，我国制造业地区集聚程度也是在上升的，逐渐向东南沿海地区集聚。

第三节 外商直接投资与制造业产业集聚形成的作用机制分析

从我国产业集聚形成路径来看，大致可以归纳为三种模式：第一，是由中、小企业组成的传统产业集群，例如浙江温州鞋革与服装、绍兴印染和织造集群；第二，是在本地大型国有企业基础上发展起来的资本—技术密集型产业集群，如武汉钢铁产业集群；第三，是在外资企业主导下发展起来的产业集群，如苏州电子信息产业集群，东莞、深圳、惠州的电子及通讯设备制造业产业集群，上海汽车产业集群等。第三种模式在我国发展最为突出，影响也最大，和全球经济一体化背景下国际产业转移有关。目前世界产业结构调整已经向专业化、科技化、全球化发展，发达国家的全球化战略将劳动密集型产业升级为资本和技术密集型产业。现在国际产业转移与以往不同之处在于，具有规模大、技术含量高、产业领域宽、产业呈整体性迁移等诸多特点。中国丰富的熟练劳动力资源，对产业承接的积极态度，使跨国公司纷纷将集成电路、计算机、通信设备等高科技产业向我国转移，而首先进入的是经济比较成熟的东南沿海地区。因而我国目前技术能力比较强的产业集群和外资的进入是有密切关系的。

表 3.5　各地区制造业产值占全部比重情况

		2010	2009	2008	2007	2006	2005	2004	2003	2002	2001	2000
东部地区	北京	1.72	1.70	1.69	1.88	2.00	2.21	1.98	1.88	1.84	1.87	1.86
	天津	2.74	2.68	2.71	2.41	2.51	2.44	2.20	2.07	1.92	1.88	1.87
	河北	5.94	5.90	6.12	5.93	6.01	6.04	6.27	5.85	5.68	5.60	5.61
	辽宁	5.46	5.12	5.17	4.70	4.57	4.52	4.34	4.65	4.92	5.03	5.28
	上海	4.06	4.00	4.44	4.79	5.11	5.35	5.36	5.22	4.88	4.87	4.89
	江苏	11.98	12.17	11.57	11.78	12.17	12.09	11.83	10.93	10.18	9.80	9.61
	浙江	7.87	7.78	7.95	8.23	8.31	8.22	8.25	7.97	7.55	7.13	7.20
	福建	3.98	3.78	3.65	3.64	3.63	3.68	3.88	3.91	3.97	3.78	3.67
	山东	11.72	12.49	12.36	12.13	12.66	12.39	11.96	10.67	9.76	9.39	9.34
	广东	13.34	13.38	13.25	13.49	13.69	13.57	12.29	11.89	11.15	10.86	10.73
中部地区	山西	2.90	2.60	3.01	2.84	2.72	2.74	2.41	2.17	1.94	1.79	1.76
	吉林	2.44	2.26	2.06	1.96	1.82	1.77	1.75	1.69	1.69	1.66	1.64
	黑龙江	2.86	2.62	3.02	3.01	3.34	3.49	4.32	4.09	4.04	4.06	4.16
	安徽	3.36	3.01	2.68	2.49	2.40	2.35	2.66	2.63	2.72	2.73	2.75
	江西	2.66	2.36	2.12	2.06	1.98	1.88	1.70	1.55	1.46	1.37	1.35
	河南	7.43	7.32	7.33	6.79	6.61	6.34	5.92	5.52	5.34	5.23	5.19
	湖北	4.18	3.83	3.32	3.12	3.21	3.15	3.98	4.10	4.57	4.74	4.75
	湖南	3.92	3.56	3.29	3.05	2.95	2.84	2.73	2.64	3.04	3.00	3.07

续表

		2010	2009	2008	2007	2006	2005	2004	2003	2002	2001	2000
西部地区	内蒙古	3.49	3.33	2.92	2.48	2.17	1.91	1.56	1.31	1.21	1.16	1.14
	广西	2.40	2.12	2.02	1.89	1.74	1.64	1.60	1.48	1.47	1.49	1.55
	重庆	2.30	2.16	1.56	1.42	1.35	1.33	1.42	1.40	1.37	1.32	1.32
	四川	4.62	4.20	3.78	3.54	3.44	3.27	3.32	3.22	3.27	3.23	3.48
	贵州	0.94	0.93	0.95	0.91	0.94	0.92	0.88	0.83	0.78	0.77	0.79
	云南	1.62	1.54	1.58	1.55	1.54	1.53	1.62	1.59	1.65	1.66	1.74
	陕西	2.83	2.59	2.53	2.30	2.29	2.01	1.63	1.52	1.46	1.39	1.37
	甘肃	1.00	0.89	0.94	0.96	0.95	0.89	0.88	0.82	0.82	0.82	0.82
	新疆	1.34	1.15	1.37	1.27	1.36	1.25	1.14	1.04	1.00	1.03	1.05

数据来源：根据各年度国家统计局编制《中国工业统计年鉴》相关数据计算得到。

不管是从行业角度，还是从地理空间的角度，FDI 和产业集聚之间都似乎存在很强的关联。产业集聚和 FDI 是相互依存的现象，一方面集聚通过提供接近本地资源、技术和市场的机会来吸引 FDI 流入；另一方面，跨国公司在集群内产生正外部性，通过提供接近先进设备、技术和外部市场关系的机会，为集群内本地企业带来收益。关于中国产业集聚和 FDI 的关系，直观的印象是 FDI 推动了产业集聚现象产生和发展，不少学者也提出相关作用机制，例如，张萃、赵伟(2009)将对外开放引起制造业集聚归结为三大机制，即制度转型、技术溢出、基础设施机制，并实证检验这些机制的影响程度，发现制度转型和基础设施对产业集聚起主导作用，而技术溢出机制并不明显。李晗斌(2012)更进一步概括为 FDI 的自我强化效应、FDI 的区位优化效应和循环累积效应。本书在现有研究的基础上总结 FDI 对产业集聚的影响机制，主要从三个方面展开，即 FDI 的声誉效应、FDI 的自我强化效应、FDI 的技术溢出效应，具体作用机制如图 3.2 所示。

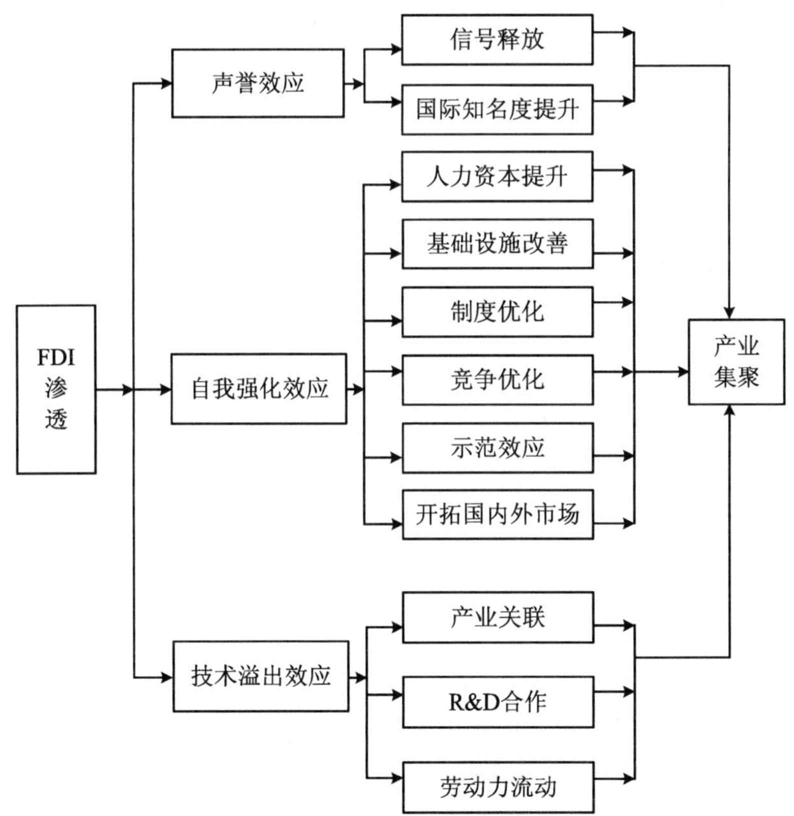

图 3.2　FDI 对产业集聚形成的作用机制

一、声誉效应

声誉效应是指当跨国公司进入地区以后，除了证明集群内有大批具备一定能力的中小企业，能够提供高质量原材料和半成品供应，存在相关公共研究机构、大学等基础设施以外。

1. 国际知名度的提升

外资企业的进入起到提高国际知名度这类无形的作用，知名外资企业的存在使得集群更容易得到国际的认可。本地中小企业可以获得与大型跨国公司接触的机会，将有机会参与、举办各类展览和会议，本地企业容易获得展示产品、建立合作关系的机会，当集群得到专业化生产某类产品的商业声誉后，集群内部其他企业均可成为受益者，从而吸引更多企业加入，有利于集群扩大。

2. 信号释放

是因为外资企业在进入某地区所面临的不确定性要远大于东道国企业，这样外资企业有强烈的动机跟随以前成功投资者，因为传递了关于东道国区位可靠性的信号，所以随着初期成功投资者进入，有可能反过来吸引更多 FDI 流入，进一步促进集聚发生。

二、自我强化效应

自我强化效应是指 FDI 进入后会改变集群所在地区的一些特征，往往会导致外部经济的产生，为其他企业进入创造有利的初始条件，从而促进集聚的发生和强化。

1. 直接或间接升级人力资本

跨国公司可以通过培训和“干中学”完成。外资企业一般会比本地企业更倾向于使用资本密集型生产方式，对工人技能有更高要求，因此，将提供更多更好的员工培训，从而会提高本地平均劳动力生产率。同时还会吸引工人进入该地区，进一步形成专业化劳动力池，能够获得技术工人对于企业是一项重要资源，这有助于企业在地区内的集聚。

2. 改善基础设施

FDI 的进入可以推进地区基础设施改善，地方政府为了吸引 FDI，会提供配套基础设施，如土地、道路、电站、通信等，有时甚至会按大型跨国公司的要求提供定制化服务，特别是软件设施方面，如物流方式的优化、简化海关程序、降低交易成本、信息网络技术普及等。集群基础设施的优化不但有利于现有企业降低生产成本，而且会吸引其他企业进入，有利于集聚产生并发展。

3. 制度优化

FDI 进入会使东道国制度环境与国际接轨，迫使政府不断进行制度改革，推动地区制度变迁。目前随着硬件环境的改善，地方政府面临的新挑战来自软环境，地区制度优化一个重要方面是政府服务职能的加强，改善知识产权保护有关的法律体系，简化各类审批手续、提供有利于创新的教育和文化环境。

4. 竞争优化

是指外资企业进入对集群内其他企业产生的竞争压力。一方面外国投资者能产生“竞争”或“夺取市场”效应，即市场份额会被外资企业挤占。在产业集群中，或许会导致发展停止；另一方面在长期，增加的竞争压力迫使本地企业采取行动，以及开始创新。这可能会导致生产率增加，提升集群的效率。此外，随竞争越来越激烈，国内外资企业有生产差异产品的动机，国内消费者将从低价、产品多样化中收益。由于外资企业组织和管理方式不同，这种效应将得以强化。换句话说，FDI 扩大了集群内部管理经验和方法的积累。而随着竞争的提升，只有那些最合适的管理经验方法能够有效生存。关于竞争优化的实证检验表明（De Propris & Driffield，2006），在集群内，新 FDI 引起的竞争效应会导致国内企业生产率损失，但是会被外资企业向本地企业的技术溢出所抵消。然而，如果不在集群之内，将不存在溢出收益，那么排挤效应将起到主导作用。因此，研究认为尽管存在 FDI 进入对集群的负向效应，但是也会由产生的正向效应补偿，因此，整体上就会改进集群生产效率，吸引优质企业不断进入。

5. 示范效应

是指跨国公司在经营过程中，逐渐在技术使用、市场开发、管理方式等各方面成为其他企业的应用示范。使得国内企业通过和跨国公司发生商务关系，能学习先进的生产技术，导致技术效率的改进。不少研究证实，示范效应能否发挥作用，国内企业的吸收能力起到决定作用，如果本国企业和跨国公司具有类似生产率水平，则效果会更好（Driffield ，2004）。

6. 开拓国内外市场

很多产业集群的产品主要是在国际市场出售，这样本地企业与世界其他分销商、战略合作伙伴合作就成为产品进入其他市场的关键因素。另一方面所有企业要和终端客户保持紧密接触，以获得产品应用方面重要的反馈意见，同时产品的不断更新升级也需要客户的配合。接触本地终端客户或许相对来说较容易实现，而接触主要国际市场中的终端客户，获取相关信息，则跨国公司更有经验。因此，产业集群中的企业，由于地理位置上的便利，更容易与供应商、合作者、分销商、终端客户和研究中心建立联系，同时也会吸引集群外企业进入以寻求合作，这样有利于集群的发展。

三、技术溢出效应

技术转移可以通过技术转让、生产许可、分包等形式直接发生，也可以是通过溢出效应间接实现。因为技术知识在一些方面具有准公共品特征，东道国希望通过外资企业的进入能带来自身没有的新产品、生产技能、市场开发技巧和组织管理方法。一般认为，技术、工作经验的扩散是通过与国内供应商接触、示范，研究开放合作以及技术人员的流动来完成的。

1. 产业前后向关联

跨国公司和本地供应商之间存在大量的相互作用，他们对于本地供应商来说是重要的客户，由于要面对全球市场的激烈竞争，跨国公司对本地供应商提供的原材料、半成品、服务制定的标准更高。因为集群内其他企业也会与这些供应商合作，这样本地企业将从这种高质量产品的提供中获益。为获得此类高质量产品供应，集群外企业也会进入集群，以便降低交易成本，甚至其他行业的零部件供应商也会选择加入该行业，这正是与跨国公司相互作用的结果，跨国公司不但能提供与国际市场联系途径，也能刺激提高产品质量来满足国际市场要求。此外，FDI 还可以对本地供应商、分包商和消费者进行培训、指导，这将更加直接的提高本地技术水平。目前国内一些出口加工型产业园区仅形成最简单的产业集聚，本地价值链生产产生前后向关联很少，只有很弱的借助于劳动力市场相互作用产生的外部性，这类"飞地型"产业园区很难自我维持，技术向本地企业的扩散将被极大阻碍。

2. R&D 合作

知识由跨国公司转移到本地企业还可以通过与本地大学、研究机构的合作产生。本地研究机构是很重要的资源，企业通过合作研究可以发展自身的 R&D 能力。成功的产业集群中，几乎所有企业都会和本地研究机构发生直接或间接联系。例如材料的分析和检验，设备和实验室的使用。本地研究机构与跨国公司的协作促进了知识在地区内流动，从而吸引更多企业进入。

3. 劳动力流动

那些与劳动力市场有关的外部性，是跨国公司最无法阻止的向本地经济溢出的途径，在新技术的使用中有重要作用。一般来说跨国公司在东道国偏重于使用技术劳动力，因此，跨国公司往往需要通过培训来进行人力资本投资，由跨国公司培训的工人在向本地企业流动或在自己创业的过程中，会把在跨国公司学习到的先进技术和管理经验应用于新工作，就会产生技术外溢。集群内部的企业具有更多相互接触的机会，而人员流动有助于知识共享。特别是那些新成立的高科技企业，部分创始人、管理者本身曾经在跨国公司工作过，从前的工作经历能够为新企业带来重要的机会，例如，原有的终端客户、本地供应商网络，这些重要资源会随着人员流动而扩散。

以上是从 FDI 促进产业集群形成的角度来分析其中的作用机制，为我们进一步理解 FDI 和产业集聚的关系提供理论基础。此外，从现有的其他研究来看，关于 FDI 和产业集聚之间的关系，绝大部分是从地区资源禀赋、能力特征、基础设施、政府政策的角度研究 FDI 区位选择问题，将地区产业集聚作为其中 FDI 区位选择的一个主要变量来分析，而类似本书将 FDI 作为一个诱因分析集聚形成并不多见。目前全世界有很多成功的产业集聚现象，如美国硅谷、法国里昂的纺织品集群，究其原因，这些成功案例大多是“自下而上”长期自发形成，一般在本地区都具有完善的市场机制和比较成熟的政策手段来解决发展中出现的问题。而中国产业集聚的发展才不过二十年历史，多数集群是通过“自上而下”借助政府政策力量扶持发展起来的，因此，在市场形成机制和政策调节手段方面都有很大不同，所以地方政府政策制定方面要结合本地区资源经济社会的具体情况，不能盲目照搬其他地区的方式方法。

第四节　国外在外商直接投资和产业集群方面的经验

在地区产业集群研究方面有很多分析成功产业集群的案例，这类集群发展早已融入本地的社会规范和文化传统中，成为一种具有内生性、自组织形式的发展模式，而且集群内部的企业、组织和机构往往具有很强的学习能力，组织机构间有稳定的 R&D、市场开发等方面的相互协作，企业拥有很强的创新能力，人员流动频繁，富有创业进取精神。地方政府在鼓励跨国公司进入时，通常认为 FDI 会提高本地企业国际化程度，有助于产生外部联系。外资企业可以作为专业技术源头，从而带动建立本地产业集群，促进地区经济发展。那么这种通过“自上而下”的，源自有意识的政策指引所建立的产业集群，是否能够有效出现？是否能够产生内生性的、能够自我维持的产业集群？本节将分析爱尔兰在这方面的成功经验。

爱尔兰长期以来坚持吸引 FDI 流入来促进本国出口型产业发展的政策，成功地使本国经济发展位于欧洲诸国前列。根据 ACS(2007)对于爱尔兰 FDI 和创业政策的研究，爱尔兰通过吸引外资企业流入，带动了本国相关产业的发展，据统计爱尔兰在高科技产业领域处于世界领先地位，来自高科技制造业企业的增加值占 GDP 总量的 46.5%，相比较之下欧盟总体为 10%，美国为 16.4%(OECD，1998)。爱尔兰制定了长期吸引外资的财政激励政策，例如，对那些出口导向型外资企业，采用了对出口利润进行 15 年之久的税收减免政策。此外，政府着手制定国家发展计划，大力发展基础设施，通过修建先进厂房、配套工业设施来吸引外资企业进入，并且地方政府对外资企业积极提供信贷支持，这些积极政策帮助爱尔兰在吸引外资方面取得巨大成功。

与此同时，随着产业结构升级，爱尔兰的工业发展规划部门，逐步将未来产业发展目标放在那些高科技部门，例如电子、计算机软件、生物技术、医疗保健等，产业规划更倾向于关注那些新兴产业中的新创办企业。同时逐步将那些劳动密集型产业，如纺织、人造纤维、服装、鞋等，爱尔兰缺乏比较优势的产业逐步淘汰（Acs，2007）。此外随着全球生产服务业的兴起，爱尔兰政府随后将激励的范围扩大到从事国际贸易服务的企业，如金融服务、专业生产服务中心等。为了适应这些部门的特点，政府目标转向促进就业，企业在取得信贷支持的同时，也获得就业补贴，也就是对增加的就业岗位进行补助。此外，政府还采取一系列政策工具，如培训补助、房租补助、技术转让补助、低息贷款等，来吸引那些希望引进的企业进入。在人力资本提高方面，爱尔兰通过扩大高等教育体系来提高教育程度，例如创办各种职业技术学校来满足企业对技术工人的需求。

根据 ACS 的分析，爱尔兰在吸引 FDI 方面的成功，也反映了政府承诺的政策目标的可信性，体现了政策的主动性和指导性，以及产业规划方面的努力。对外资企业低税负，提供信贷和就业补助，政府鼓励商业和公平监督氛围，此外可以获得低成本的、经过培训的劳动力，都成为爱尔兰经济成功的因素，并且这些政策不断在调整和完善，也是外资企业为什么选择来爱尔兰运营的基本原因。此外，Murphy（2004）也总结了爱尔兰吸引 FDI 政策的有效性，并归结为三个原因：一是促进能够自我维持的产业集聚现象出现，成功培育并建立了垂直关联产业集群，如软件、电子、制药、金融服务，这些是产业规划的目标产业；二是将政策激励扩展到包括国际贸易服务业在内，为产业集群的发展提供了良好的配套措施；三是政策对于 FDI 一贯积极主动的支持，使得政府在引入 FDI 具有良好的声誉。

此外，为了吸引 FDI 流入，爱尔兰产业政策也力图支持出口导向型本土企业发展，将 FDI 政策和同步的创业政策结合起来。然而一些研究显示，本土企业和外资企业区别一直存在，但本土企业的绩效有所改进。产业政策以扶持新成立的制造业企业为主，这些企业有可能形成新出口产品增长点或者是取代现有产品进口。爱尔兰创业政策主要是针对一小部分“高潜力新企业”，也就是那些有出口潜力，从事国际贸易服务行业的制造业企业。用以扶持新办企业的措施包括：企业税收优惠、信贷、就业补贴。此外，还将管理者、专业技术人员、高增长潜力的创业型技术专家为目标，产业规划部门为这些创业者提供大量的政府扶持，如贷款担保，其他软支持来支持本土企业的创办，从而为发展能够自我维持的本地产业集群打下坚实的基础。

对于我国的 FDI 和产业集群政策来说，在很多方面和爱尔兰是非常相似的，尤其在财政激励政策和地方基础配套设施建设方面，为吸引外资进入做出很多努力。但我们也应该看到，尽管我国很多地方政府都努力降低进入障碍，改善投资商业环境，但总体而言，仍然表现为缺乏透明度，交易成本过高，手续繁琐的特点。在引资政策、集群发展政策、创业政策方面对不同企业差别很大，尤其对中小企业非常不利，政府部门、银行将主要的精力放在能产生短期绩效的大企业身上，并不愿意为中小企业提供优惠政策。对于吸纳就业占全部 80%的中小企业来说，银行信贷仍然是稀缺资源，导致大量中小企业初始创业资金主要来自朋友、家庭成员的借款，企业成立后是依靠利润积累来进行扩张，甚至部分急需银行贷款的中小企业不得不依靠高利贷等形式的短期贷款，其年利息超过 20%以上。银行、政府的歧视性政策，以及缺乏风险投资，这些会限制了企业家将创新理念商业化为创新产品的能力。而且除了企业家缺乏资金支持，在我国还缺乏专业指导，如果具有比较专业化、善于沟通的专业投资者，创业成功的可能性将大大增加。

以上本书归纳了 FDI 和本地产业集聚形成之间的作用关系，一方面表现为地区优势特征对 FDI 的吸引作用，另一方面是 FDI 对本地集群形成的促进关系。本书从第二个角度分析了形成机制，并将其归结为声誉效应、自我强化效应和技术溢出效应。从现实集群经济现象的观察来看，我国珠三角产业集群的形成，就是一种典型的外资驱动型集群。形成之初是由于广东的地缘、政策和低成本优势，吸引大量来自中国香港的资金，建立外向型加工制造业基地，并逐渐形成了产业集群。相反，在浙江地区发展起来的产业集群，很多属于本地原生模式，较好地结合了本地的要素禀赋优势和历史文化传统，并且在专业市场分工基础上，以专业化产品生产为主，核心生产性企业集群和非核心的配套商贸服务体系关联紧密，因此，这类集群根植性强，集群外部效应明显，具有很强的生命力。

而目前集聚于珠三角的外资企业开始出现向长三角迁移的趋势。因此，外资驱动型产业集群一般来说关联性和根植性较弱，集群具有很强的“迁移性”，只要本地优势下降，或是其他地区有更好的政策条件，集群就会出现转移的动机。因此，如何强化大范围的信息与技术沟通，减少内外资企业之间的冲突，吸纳外部资源的进入是重点解决的问题。目前不少地区在打破行政分割、优化资源配置、改善公共品供给方面，提供了越来越好地区创新环境，这些都会增进集群的根植性。

此外，FDI 仍然扮演着非常重要的角色，因此，本书认为地方政府在处理 FDI 和本地产业集群的关系时，应该在继续保持外资引入政策的基础上，制定行业差别化的引资政策。如果本地企业技术吸收能力较强，地方政府应当从加强本地企业与外资企业之间的关联，积极促进相互之间的技术信息交流着手，例如，建设地区性的企业信息系统，迅速发布供求、交流、展会和培训方面信息，方便内资和外资企业建立联系；为技术能力强的本地企业提供财税优惠政策，鼓励企业技术研发，帮助本地企业获得外资企业技术溢出。对于少数集聚度已经很高的行业，国内企业在研发、吸收外部技术方面具备了比较强的能力，跨国公司加入更多体现在市场竞争方面，不利于本地企业发展，因此，政府在引资方面可以适当注意筛选，将重点放在引入跨国公司研发中心、设计中心这类创新技术源头方面，保持技术外溢的途径畅通的同时，也为本国企业的发展留出足够的空间。

第四章　外商直接投资的技术溢出效应及其相关影响因素研究

根据第一章的文献总结，目前关于 FDI 对东道国经济的影响主要表现在三个方面，第一是 FDI 流入直接增加了国内资本存量；第二是 FDI 可以通过技术溢出提高东道国生产率；第三是 FDI 有助于产业集聚的发展，刺激东道国技术创新。在第三章 FDI 对产业集聚形成作用机制的分析中，技术溢出效应是很重要的刺激产业集群形成的途径。本章将在已经总结相关机制基础上，对我国 FDI 的技术溢出进行分行业的实证分析，研究不同行业 FDI 对不同类型地区的技术溢出效应，以期得到更精确的分析结果。

第一节　外商直接投资产业内和产业间技术溢出的作用机制分析

来自技术溢出的预期收益使很多国家提出各种鼓励措施来吸引 FDI 流入，在过去二十年间，伴随跨国公司的 FDI 增长迅速，在发达国家已经超过了贸易流的增长，对于发展中国家也是最大的外部资金来源。根据第三章第一节中国 FDI 数量结构变动分析，可以看出我国 FDI 的分布具有两个明显特点，第一是地理的集中分布，第二是行业结构分布正在改变。地理集中分布是由于国家实行由东向西渐进开放政策，以及东部地区优越的区位优势，地理位置更接近外部市场，贸易成本较低，并进一步产生一种循环累积因果效应的结果，吸引更多的外商投资在东部地区集聚。来自国家统计局和商务部提供的统计数据显示，在 2000～2010 年期间实际利用外资总额中，投向东部沿海地区平均在 80％以上。FDI 的行业特征主要表现为服务业 FDI 对制造业 FDI 的替代，这种此消彼长是从 2006 年左右开始，在此之前服务业 FDI 大约占总量的 25％左右，而在 2007 年则增加到 40％以上。同时制造业 FDI 的比重逐年下降，从 1997 年的 62％降至 2010 年的 46％，服务业部门 FDI 的持续扩张是以制造业和农业部门 FDI 减少为代价的。

FDI 对东道国经济有直接或间接影响。直接影响表现在增加就业和资本，使用更先进的设备和技术。间接影响表现为 FDI 提高东道国生产率是通过一系列技术溢出实现的。这是因为与外资企业相伴随的技术具有一定程度公共产品的特征，无法完全内部化，因此，外资企业的本地化能潜在产生正外部性，通过对当地企业技术扩散的形式实现。根据 Blomstrom(1991)和 Kokko(1994)的研究，FDI 的技术溢出有可能发生在产业内部，也有可能发生在产业之间。产业内有四种可能的溢出方式：示范效应、竞争效应、劳动力流动和出口效应。产业间溢出还包括来自跨国公司与本地企业之间形成的供应者和消费者的垂直关联，因此，理论分析证明存在四种可能的途径：示范效应、劳动力流动、垂直关联和竞争效应。

具体来看，示范效应是指跨国公司具有的先进技术在使用过程中，会促使本地企业通过技术模仿和反向技术推导来更新生产方法，本地企业能够升级技术水平，因而提高了生产率。劳动力流动在新技术的使用中有重要作用，一般来说跨国公司在东道国偏重于使用技术劳动力。因此，跨国公司往往需要通过培训来进行人力资本投资，由跨国公司培训的工人在向本地企业流动或自己创业的过程中，会把在跨国公司学习到的先进技术和管理经验应用于新工作，就会产生技术外溢。但这一途径的实证检验很困难，因为需要跟踪每个曾经在跨国公司工作的工人样本，比较他们在新工作中原有技能对生产率有多大影响。竞争效应是指跨国公司会增加国内市场竞争强度，如果是不完全竞争市场，跨国公司的出现将迫使本地企业去更有效率的利用现有技术，进一步提高生产率，此外竞争的加剧还会加快新技术的更新速度，或模仿速度。跨国公司与本地企业的紧密联系也被认为能够提高东道国技术溢出效应。前向关联是指跨国公司提高了本地以外资产品作为投入品的下游企业的生产率。后向关联效应指外资进入改善了为外资提供零部件或中间投入品的国内上游行业的生产率。如果跨国公司能够迅速建立上、下游的关联网络，技术转移将更加迅速。关于垂直关联假设方面的实证研究不多，De Bressonetal(1991)提出证据说明很强的垂直关联将间接改进本地企业的生产率。出口效应是指跨国公司在分销、运输以及营销等方面的先进经验，成为本地出口导向企业模仿对象，通过出口活动得以接触国际技术前沿，同时本地企业可以通过与跨国公司合作获得其海外的分销渠道，从而减少出口的风险，增加出口的可能性。

在另一方面，东道国的吸收能力也是影响 FDI 技术扩散的重要因素，伴随 FDI 的新技术并不会自动传导到本地企业。吸收能力表现在以下几个方面：第一是东道国经济和政策环境。微观实证发现发达国家往往是正效应，发展中国家则不确定，这一事实支持以上的假设。东道国经济和政策环境总的来说为技术溢出的产生提供基本条件，东道国经济越发达，则本地企业的吸收能力越强，优越的制度环境，先进、有竞争力的制造业部门，更好的部门之间的关联，都将提高溢出的可能性。第二是技术差距，技术溢出依赖于本地企业相对于跨国公司的技术水平。本地企业与跨国公司之间技术水平距离越大，则改变技术的压力越大，因而本地企业越能迅速采用跨国公司的先进技术。但是相对差距不能太大，只有当东道国企业已经具有相当的技术能力时才能从跨国公司技术外溢获益。第三是人力资本和

R&D 能力，高技能工人需要匹配更加先进的技术，跨国公司的高技术投资只能在那些拥有基本 R&D 能力的国家。因而本地企业 R&D 能力非常有效地限制本地企业掌握先进技术的能力。Yamamoto (2002)发现由跨国公司主导的 R&D 活动和人力资本开发活动刺激了知识向本地企业溢出，而不存在类似活动的跨国公司则不存在溢出效应。第四是制度因素和国内金融市场发展，一些研究认为一系列的制度因素会影响一个国家的吸收能力。金融体系也决定了跨国公司能够通过信贷支持来扩展其在东道国从事创新活动的程度，这会通过技术溢出影响国内企业。因而外溢过程在良好的金融体系支持下能更加富有效率，是一个国家实现创新和有效开发资源的先决条件。图 4.1 为笔者根据 Blomström(1991)的研究，总结的 FDI 对东道国经济的影响机制。

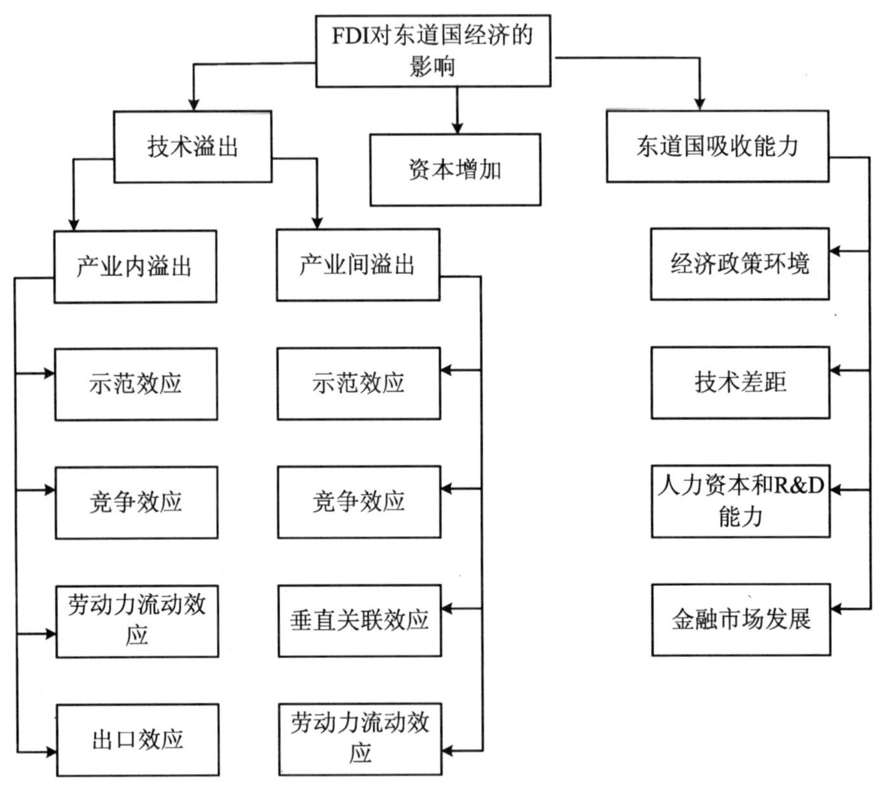

图 4.1 FDI 对东道国经济影响机制分析

第二节 外商直接投资技术溢出效应的实证分析

关于 FDI 向东道国技术溢出效应的实证研究可以分为三类。第一类是研究

FDI 在微观层面技术溢出促进本地企业生产率方面的影响；第二类是从宏观经济视角关注 FDI 对东道国经济增长的提升；第三类是从产业框架分析来自 FDI 的技术溢出。本书主要讨论第三种 FDI 产业内和产业间溢出效应。

一、基本分析思路

尽管已经出现大量研究 FDI 增长效应的文献，然而研究 FDI 在不同产业结构的增长效应的文献却不多。因为制造业 FDI 与服务业 FDI 相比，向东道国转移的技术是不同的，制造业部门 FDI 技术外溢主要是“硬”技术，如设备、工业生产线等，相反服务业 FDI 转移的是“软”技术，如生产工艺、管理、营销、组织、信息等。然而由于生产中资本密集度的差异，不同类型的服务业技术特征相对制造业差别更大，因此，有必要对 FDI 按产业进行细分。

本书在现有研究的基础上，将按行业把 FDI 分为制造业 FDI 和服务业 FDI 两部分，同时对各省(市、区)按部门相对规模比重划分，分为制造业主导和服务业主导区域。通过这样的细分，来研究不同类型的 FDI 对不同主导产业地区的作用，以及 FDI 在部门间的溢出效应。并在此基础上分析其中原因，提出提高 FDI 正溢出效应的对策。已有文献常用的计量方法是以哈佛商学院 Caves(1974)研究为基础，他将东道国本地企业的劳动生产率和该产业内跨国公司的参与程度结合起来建立基本模型。如果实证检验的结果发现，某产业中本地企业的劳动生产率与跨国公司参与程度有明显正相关关系，则可以认为存在 FDI 的溢出效应。模型一般采用以下形式：$VAL=f(FDI,X_1,X_2,X_3,\cdots)$，其中 VAL 表示所研究产业中本地企业的生产率，通常可以选用人均生产增加值等指标；FDI 反映产业外资流入数量，间接表示参与程度；其他控制变量可以根据分析重点来确定。

二、计量模型的建立

本书基础模型的建立是按照 Blomstrom(1998)采用的方法，以此来说明 FDI 是否存在溢出效应。以下是基础模型的形式：

$$g=\beta_0+\beta_1 FDI+\beta_2 K/L+\beta_3 JS+\varepsilon \tag{4.1}$$

其中，g 代表本地企业的劳动生产率，一般用工业增加值与职工人数的比值表示；FDI 表示产业外资的进入程度；K/L 为产业人均资本数量；JS 表示产业中企业平均的人力资本状况，以科技活动人员数量和职工总数的比值来表示。

为进行 GMM 估计，在基本模型的基础上增加时间维度和动态因素，等式右侧第一项增加产出的一期滞后值，并考虑其他因素可以得到以下表达式：

$$g_{it}^{k}=\beta_0+\beta_1\cdot g_{i,t-1}^{k}+\beta_2\cdot FDI_{it}^{j}+\beta_3\cdot CAP_{it}+\beta_4\cdot JS_{it}+\beta_5\cdot Z_{it}+u_i+\eta_t+\varepsilon_{it} \tag{4.2}$$

其中，上标 k 是和 GDP 有关的指标，在下面分组计量中分别表示人均 GDP、制造业增加值、服务业增加值；上标 j 是 FDI 指标，分别表示制造业 FDI、服务业 FDI；CAP_{it} 为人均资本数量指标；Z_{it} 为其他一些决定平均劳动生产率的控制变量，下标 $i=1,2,\cdots,31$，下标 $t=1,2,\cdots,16$，描述横截面和时间维度构成的面板数据；u_i 为个体效应，η_t 为时间效应，ε_{it} 为随机误差项，其中，$u_i \sim \text{i. i. d}(0,\sigma_u^2)$，$\varepsilon_{it} \sim \text{i. i. d}(0,\sigma_\varepsilon^2)$，$E[u_i \cdot \varepsilon_{it}]=0$。本书解释变量 FDI 和 CAP 采用一阶滞后项，因为 FDI 和国内投资等变量实际中发挥作用往往需要 1～2 年的时间后滞，从实证效果来看也相对较好。本书最终的计量方程为以下形式：

$$\begin{aligned} g_{it}^k = & \beta_0 + \beta_1 \cdot g_{i,t-1}^{\text{k}} + \beta_2 \cdot FDI_{i,t-1}^{\text{j}} + \beta_3 \cdot CAP_{i,t-1} + \beta_4 \cdot JS_{it} + \beta_5 \cdot FI_{it} \\ & + \beta_6 \cdot OPEN_{it} + \beta_8 \cdot GOV_{it} + u_i + \eta_t + \varepsilon_{it} \end{aligned} \tag{4.3}$$

国内投资 CAP 变量是用来区分 FDI 和国内投资如何影响经济增长的，例如，如果包括投资变量，且 FDI 是显著的，那么就可以解释为 FDI 通过效率改进促进经济增长，否则如果投资变量不包括在内，是否 FDI 影响经济增长是通过投资或效率水平将是不明确的。因而区分是必要的，可以分别辨明 FDI 与经济增长的关系。变量 FI 表示国内金融发展程度指标，很多研究表明金融体系会影响对 FDI 流入的吸收能力，因而在扩展模型中加入该变量作为控制变量。OPEN 代表省份的开放度，反映对外贸易对增长的影响。GOV 为政府消费支出，衡量政府支出对增长的影响。

三、变量的说明和数据来源

模型中各变量的定义如下：g 为本地企业劳动生产率指标，衡量本地技术水平，分别表示国内企业人均 GDP、人均制造业增加值、人均服务业增加值，均为剔除物价波动的真实值（2000 年的价格为不变价格）。FDI 为省（市、区）外商直接投资指标，衡量外商直接投资对经济增长的影响，分别用制造业、服务业 FDI 与各自产业 GDP 的比值来表示。CAP 为省（市、区）国内投资指标，衡量国内投资对经济增长的影响，用省市产业国内投资与 GDP 的比值来表示。其中，国内投资总额是利用全社会固定资产投资总额减去经人民币折算后的 FDI，再用 GDP 平减指数调整得到的数据。JS 为省（市、区）人力资本存量指标，衡量人力资本对经济增长的影响。国际上对人力资本存量的测算，通常采用平均受教育年限来近似计算。但是由于数据的难以获得性，故本书选用公有经济企事业单位专业技术人员数和就业人员数的比值来表示。FI 为省（市、区）金融发展指标，衡量金融发展对经济增长的影响。衡量金融发展的指标主要有麦氏指标（M2/GDP）和戈氏指标（一国全部金融资产价值占 GDP 的比重）。本书借鉴戈氏指标的度量方法，采用各地各项贷款余额来替代当地金融资产的价值，并以其占 GDP 的比重来反映当地金融市场发展水平。OPEN 为省（市、区）开放度指标，衡量对外贸易对经济增长的影响，用进出口总额与 GDP 的比值来表示。GOV 为政府消费支出指标，衡量政府消费支出对经济增长的影响，用政府最终消费支出额与 GDP 的比值来表示。2010 年各省（市、自治区）经济变量统计描述如表 4.1 所示。

表 4.1　2010 年各省（市、自治区）经济变量统计描述

变　量	平均值	中位数	标准差	最大值	最小值
人均 GDP（万元）	3.177107	2.499638	1.656314	7.154801	1.188315
人均制造业 GDP（万元）	10.90114	10.15377	6.141530	30.88113	1.575200
人均服务业 GDP（万元）	6.560843	5.088179	3.677259	16.12236	1.575200
制造业 FDI 比重	0.028321	0.028052	0.020309	0.091382	0.000260
服务业 FDI 比重	0.025817	0.015445	0.028292	0.104128	0.000234
人力资本存量	0.294615	0.267537	0.093353	0.482791	0.183771
政府最终消费支出比重	0.130102	0.125017	0.052066	0.236623	0.000117
开放度	0.333443	0.129116	0.417854	1.454655	0.032643
金融发展水平	1.039963	0.938350	0.458150	2.584713	0.381237

数据来源：根据历年各类统计年鉴计算而成。

本书所用到的全国及 31 个省（市、区）的面板数据是根据历年《中国统计年鉴》及省（市、区）统计年鉴中的相关资料得来。对省份归类为制造业主导或服务业主导的定义原则如下：以全国制造业和服务业增加值占 GDP 比重作为平均值，某个省份如果具备制造业比重大于平均数，而服务业比重小于平均数，则定义为制造业主导省份。服务业主导的定义类似，也就是服务业份额大于平均数，而制造业份额小于平均数。不符合以上条件的按产业相对平均值归类。按以上原则本书将北京、天津、上海、广东、海南、贵州、西藏归为服务业主导经济区域，其他省划为制造业主导经济区域。此外，由于数据获得性有限，部分省区本书用人均工业增加值替代人均制造业增加值，用工业 FDI 替代制造业 FDI。

四、GMM 估计方法说明

在动态面板回归模型中，被解释变量与随机扰动项相关，$E(\Delta g_{i,t-1}^{k} \cdot \Delta\varepsilon_{it})\neq 0$，存在严重的内生性，动态项的 OLS 估计量严重上偏，固定效应 OLS 估计量严重下偏，随机效应 GLS 估计量也有偏。此外，其他解释变量也存在潜在的内生性。为了解决以上的计量问题，本书采用 Blundell 和 Bond （1998）提出的广义矩（GMM）方法对动态面板模型进行估计。其核心思想是首先将原始方程转变为差分方程，再寻找工具变量进行矩估计。本书以该模型为例简述其基本原理。

$$g_{it} = \alpha \cdot g_{i,t-1} + \sum_{k=1}^{K} \beta_k x_{kit} + u_i + \varepsilon_{it} \quad (|\alpha|) < 1 \tag{4.4}$$

其中，g_i 为因变量，x_{it} 为其他严格外生的自变量，β_k 为系数，u_i 为个体效应，ε_{it} 为随机误差项。其中，$u_i \sim \text{i. i. d}(0,\sigma_u^2)$，$\varepsilon_{it} \sim \text{i. i. d}(0,\sigma_\varepsilon^2)$ 和 $E(u_t \cdot \varepsilon_{it})=0$。

于是，对于 $i=1,2,\cdots,N$；$t=1,2,\cdots,T$；$E(x_{kit} \cdot \Delta\varepsilon_{it})=0$，$X_{i1},X_{i2},\cdots,X_{iT}$ 都是一阶差分模型 $\Delta g_{it} = \alpha \Delta g_{i,t-1} + \sum_{k=1}^{K} \beta_k \Delta x_{kit} + \Delta\varepsilon_{it}$ 的滞后项 $\Delta g_{i,t-1} = g_{i,t-1} - g_{i,t-2}$ 的工具变量。其中，$X_{it} = (x_{1it}, x_{2it}, \cdots, x_{kit})$。

同时，Δx_{kit} 也是 x_{kit} 的工具变量，即对于 $i=1,2,\cdots,N$ 和 $t=1,2,\cdots,T$，$E(\Delta X_{it} \cdot \Delta\varepsilon_{it})=0$。

因此，一阶差分模型的工具变量矩阵 Z_i 为

$$Z_i = \begin{pmatrix} (g_{i,0}\Delta X_{i1}) & & & \\ & (g_{i,0}\, g_{i1}\Delta X_{i2}) & & \\ & & \ddots & \\ & & & (g_{i,0}\, g_{i1}\cdots g_{i,T-2}\Delta X_{iT}) \end{pmatrix}$$

根据矩条件

$$E(Z'_i \Delta\varepsilon_i) = 0$$

即

$$E[Z'_i(\Delta g_i - \alpha \Delta g_{i,-1} - \Delta X_i \beta)] = 0, \quad \Delta X_i = \begin{pmatrix} \Delta x_{1i1} & \cdots & \Delta x_{ki1} \\ \vdots & & \vdots \\ \Delta x_{1iT} & \cdots & \Delta x_{kiT} \end{pmatrix}$$

建立目标函数

$$S(\beta) = \left\{ \left[\frac{1}{N} \sum_{i=1}^{N} Z'_i(\Delta g_i - \alpha \Delta g_{i,-1} - \Delta X_i \beta) \right]' W_N \left[\frac{1}{N} \sum_{i=1}^{N} Z'_i(\Delta g_i - \alpha \Delta g_{i,-1} - \Delta X_i \beta) \right] \right\} \tag{4.5}$$

其中，权重矩阵 W_N 为正定矩阵，α 为参数向量。

广义矩估计就是要使样本矩之间的加权距离最小，也就是极小化目标函数。通过对目标函数进行迭代求最小值，由此产生参数的一致 GMM 估计。笔者选用怀特逐期协方差矩阵（White Period Covariance）为加权矩阵，W_N 的估计可表示为

$$\widehat{W}_N = N^{-1} \sum_{i=1}^{N} Z'_i \cdot G \cdot Z_i$$

其中

$$G = \begin{pmatrix} 2 & -1 & 0 & \cdots \\ -1 & 2 & \ddots & 0 \\ 0 & \ddots & \ddots & -1 \\ \vdots & 0 & -1 & 2 \end{pmatrix}_{T \times T}$$

我们可以得到模型中系数的一致 GMM 估计：

$$\begin{pmatrix}\widehat{\alpha}_{GMM}\\ \widehat{\beta}_{GMM}\end{pmatrix}=\left[\left[\sum_{i=1}^{N}\begin{pmatrix}\Delta g'_{i,-1}\\ \Delta X_i'\end{pmatrix}Z_i\right]\widehat{W}_N\left(\sum_{i=1}^{N}Z_i'(\Delta g_{i,-1}\Delta X_i)\right)\right]^{-1}$$

$$\cdot\left[\left[\sum_{i=1}^{N}\begin{pmatrix}\Delta g'_{i,-1}\\ \Delta X_i'\end{pmatrix}Z_i\right]\widehat{W}_N\left(\sum_{i=1}^{N}Z_i'\Delta g_i\right)\right] \tag{4.6}$$

其协方差矩阵

$$Var\begin{pmatrix}\widehat{\alpha}_{GMM}\\ \widehat{\beta}_{GMM}\end{pmatrix}=\sigma_{\varepsilon}^{2}\left[\left[\sum_{i=1}^{N}\begin{pmatrix}\Delta g'_{i,-1}\\ \Delta X'_i\end{pmatrix}Z_i\right]\widehat{W}_N^{-1}\left(\sum_{i=1}^{N}Z_i'(\Delta g_{i,-1}\Delta X_i)\right)\right]^{-1}$$

由上述 GMM 估计方法所产生的估计值具有一致性和稳健性，如果模型经诊断设定无误，则可以根据系数估计值分析行业 FDI 对各行业集聚度的影响。

五、实证检验

本研究可以分为几个独立问题，与以往研究不同的是，本书将 FDI 按行业分为制造业 FDI 和服务业 FDI；同时以部门相对规模比重为基准，将我国各省区按主导产业划分为制造业主导和服务业主导两类，然后分别研究不同类型的 FDI 对不同类型经济区域的溢出效应。

我们首先从一般总量角度分析开始，表 4.2 是利用基本计量模型进行实证检验的结果，包括总 FDI 对总体经济增长效应，制造业 FDI 和服务业 FDI 分别对总经济增长、制造部门增长和服务部门增长的影响。从表中我们可以明显发现，FDI 对国内企业增加值影响为负，且在 10%水平显著，说明外资进入阻碍了国内生产企业生产率提高。这一结果和国内许多学者研究一致，例如，蒋殿春，张宇国(2008)发现 FDI 对内资企业全要素生产率的影响并不显著，原因是国内缺乏有效市场和制度环境，造成企业缺乏技术改造的激励，因此，传统 FDI 技术溢出机制受到严重制约。正如商务部《2005 跨国公司在中国》报告的结论："外资的大量引进并没有带动中国科技创新质的飞跃，让出了市场却没有获得相应的技术提升。"这说明理论上的溢出机制，如竞争效应、示范效应和劳动力流动等作用途径并不畅通。外资企业与国内企业在不同细分市场经营，相互之间的竞争效应较低，或者利用自身优势产生对内资企业的排挤，也导致最终竞争效应的下降；内外资企业之间巨大的工资差异也导致劳动力流动性较差，使技术外溢进一步受阻；从自身来看，国内缺乏有效市场和制度环境，也造成企业没有很强的动机进行技术创新。

表 4.2 制造业和服务业 FDI 对全国 GDP、制造业增加值和服务业增加值影响

	其他自变量	自变量为总 FDI	自变量为制造业 FDI			自变量为服务业 FDI		
		因变量为 GDP	因变量为 GDP	因变量为制造业增加值	因变量为服务业增加值	因变量为 GDP	因变量为制造业增加值	因变量为服务业增加值
		(1)	(2)	(3)	(4)	(5)	(6)	(7)
全国	g(−1)	1.0329 (38.45) ***	1.0268 (36.85) ***	0.8839 (18.85) ***	0.9817 (14.89) ***	1.0443 (39.65) ***	0.8874 (18.94) ***	0.9822 (15.24) ***
	FDI	−0.8368 (−1.84) *	−1.0717 (−1.75) *	−1.0617 (−1.96) *	1.1630 (0.39)	−0.4009 (−2.43) **	1.4744 (2.24) **	−3.8042 (−0.85)
	CAP	0.2448 (1.86) *	0.2297 (1.80) *	0.0120 (0.02)	−1.0384 (−1.86) *	0.1710 (1.37)	−0.1195 (−0.15)	−0.8371 (−1.37)
	JS	25.7971 (2.49) **	26.3212 (2.56) **	176.8374 (2.97) ***	163.9746 (3.31) ***	30.3967 (3.05) ***	184.0999 (3.28) ***	150.6814 (3.23) ***
	常数项	−0.0466 (−0.82)	−0.0436 (−0.77)	0.3347 (0.89)	0.0124 (0.04)	−0.10033 (−2.17) **	0.2574 (0.93)	0.1319 (0.60)
	IPS 检验 [p 值]	−3.075 (0.001)	−3.111 (0.002)	−3.245 (0.001)	−2.989 (0.001)	−2.999 (0.001)	−3.145 (0.001)	−3.365 (0.001)
	DW 统计量	2.072	2.124	2.230	1.955	1.807	1.933	2.055
	Wald 统计量	87.53	68.14	74.73	69.33	86.80	62.29	60.49
	Sargan 检验 P 值	0.3354	0.3033	0.3948	0.2866	0.2952	0.3128	0.3522

注:括号内为 t 统计值,*、**、*** 分别表示在 10%、5%和 1%的水平上显著。

如果我们对 FDI 进行细分可以发现,表 4.2 中制造业 FDI 对整体增长和制造部门增长有比较大的负效应,相反服务业 FDI 虽然对整体增长也存在负效应,但系数相对较小,而且服务 FDI 对制造部门的增长具有显著的正效应。由此我们可以看出,不同类型的 FDI 其影响是不一样的,制造业 FDI 对国内企业生产率起到较大的负效应，并且扩散于整个经济；而服务业 FDI 促进了制造业的增长，存在部门间的溢出效应，总的来看，FDI 的总效应为负，FDI 从制造部门向服务部门转移将会促进整体经济以及制造部门的增长。

以下我们将全国 31 个省份按主导产业分为制造业主导和服务业主导两组。从制造业为主导产业省份来看，制造业 FDI 对整体增长和制造部门增长有比较大的抑制效应，对服务业存在不显著的正溢出效应；而服务业 FDI 对整体增长和制造部门的增长具有显著的促进作用，对服务业增长存在不显著的负效应，说明服务部门 FDI 存在向制造部门的溢出效应。因此，在这种情况下，FDI 从制造部门向服务部门转移将会促进经济增长。

从服务业为主导产业省份来看，制造业 FDI 对整体增长、制造部门和服务部门增长都存在正效应，但对服务部门溢出效果不显著；而服务业 FDI 对整体增长、制造业增长存在不显著负效应，对服务部门增长的正效应也不显著。因此，在服务业为主导产业的地区，服务业 FDI 或服务业投资的增加没有明显的增长效应。以上的分组检验说明，在我国存在明显的服务部门 FDI 向制造部门以及整体经济的溢出效应，而制造部门 FDI 总体来说是存在抑制效应的。国内学者对服务业 FDI 的研究结论不一，如戴枫(2005)认为 FDI 对服务业的结构起了一定的影响作用，但不是非常明显。姜建平、赵伊川(2007)发现服务业利用 FDI 与我国服务业增长之间存在显著的正相关关系。从本书的结果来看，结论不一致来源于 FDI 对不同类型产业部门和不同类型产业地区的影响不相同，甚至是相反的。因此，部门间的差异使得分析总 FDI 对经济影响存在误区，因为不同类型、不同部门的影响存在冲突，只有在次级水平才能被揭示。更进一步，由于从事服务业的跨国公司的竞争优势主要是先进的管理方法和服务方式，其东道国分支机构转移的技术和母公司更接近，因此，造成服务业 FDI 成为新技术传播、技术升级的重要促进者，从而对东道国产生溢出效应。

此外其他几个解释变量也会影响到国内企业生产率的提高。对国内投资变量 CAP 对国内企业整体来说具有显著正向影响，且系数大于 FDI 的系数。一直以来理论界夸大了 FDI 技术外溢的作用，而忽略国内企业生产率的提高主要依赖于内部投资这一事实，自主创新才是国内企业技术进步的主要途径。代表对外贸易依存度的 OPEN 变量也存在相当显著的负效应，这说明出口导向型经济对国内企业的生产率存在负面影响，这已经被大多数学者认同。跨国公司在中国的分支机构主要从事生产价值链低端的劳动或资本密集型环节，我国虽然在短期获得贸易利益，解决国内就业问题，但从发展角度来看，由于技术上始终处于落后地位，对国内企业生产率提高，产业结构升级没有太大作用，甚至阻碍了企业自主创新的能力。代表国内企业科技人员数量的 JS 指标系数较大，且在 1%水平是显著的，说明国内企业的增长，主要和技术人员的数量有关。代表金融市场发展的 FI 指标，总体对国内企业生产存在正效应，且在 10%水平显著。研究表明金融发展是推动经济增长的新原因，良好的金融体系为资源配置提供便利条件，能够更好地监督，提高经济增长（Levine，1997）。因而功能良好的金融市场对减少交易成本，保证和提高资源配置效率，进而提高企业利润，促进增长有重要作用。

为保证估计结果的有效性，我们对模型进行了四个方面的检验。一是面板残差的平稳性检验。遵循一般常用的 IPS 检验，即 In，Pesaran 和 Shin 在 1995 年提出的 Z 统计量进行面板残差的平稳性检验，从检验结果来看，残差是平稳的，由此可以认为动态面板数据平稳，广义矩方法估计有效。二是自相关检验。针对动态面板广义矩(GMM)估计，一个必要前提条件是模型不存在明显的自相关。我们利用杜宾一瓦尔森 d 统计量来检验广义矩(GMM)估计中残差的自相关状态，结果表明，残差没有明显的自相关性。三是 Sargan 检验。Sargan 检验 p 值如表 4.3 所示，证明工具变量有效，矩条件是成立的。四是 Wald 检验。如表 4.3 所示，Wald 统计量大于 0.05，说明统计量落在原假设接受域内，接受原假设，参数约束条件成立，说明模型整体上是有效的。因此，估计的结果是可以信赖的。

本节利用 2000～2010 年间的省际面板数据，用广义矩(GMM)方法分析了 FDI 对我国内资企业的技术溢出效应。本书在现有研究的基础上对 FDI 按产业类型进行了细分，并且对国内 31 个省(市、自治区)按产业相对比重进行分组，通过不同类型 FDI 和不同主导产业省份分组回归，实证分析的结果显示：

(1) 总 FDI 对我国内资企业的增长效应为负向，且在 10%水平显著，表示外资进入并没有出现对我国内资企业的技术溢出，相反却阻碍其劳动生产率提高。

(2) 通过将 FDI 按行业细分，对不同产业增加值的回归发现，制造业 FDI 对整体增长和制造部门增长有比较大的负效应，而服务业 FDI 对整体增长负效应相对较小，同时服务 FDI 对制造部门的增长具有显著的正效应。由此我们可以得出结论，制造业 FDI 对我国内资企业劳动生产率起到较大的负效应，并且扩散于整个经济；而服务业 FDI 促进了制造业的增长，存在部门间的溢出效应。

(3) 对按主导产业进行地区分组实证结果来看，制造业为主导产业省份，其制造业 FDI 对整体增长和制造部门增长有比较大的抑制效应，而服务业 FDI 对整体增长和制造部门的增长具有显著的促进作用，这说明服务部门 FDI 存在向制造部门的溢出效应。因此，在这种情况下，FDI 从制造部门向服务部门转移将会促进经济增长。

表 4.3　制造业和服务业 FDI 对不同分组 GDP、制造业增加值和服务业增加值影响

	其他自变量	自变量为制造业 FDI			自变量为服务业 FDI		
		因变量为 GDP	因变量为制造业增加值	因变量为服务业增加值	因变量为 GDP	因变量为制造业增加值	因变量为服务业增加值
		(1)	(2)	(3)	(4)	(5)	(6)
制造业为主导产业省份	g(−1)	0.8402 (24.07) * * *	0.9290 (17.11) * * *	1.0084 (9.43) * * *	0.8316 (24.26) * * *	0.9314 (17.10) * * *	1.0185 (9.60) * * *
	FDI	−0.8209 (−1.81) *	−3.3856 (−1.74) *	0.5886 (0.23)	0.2348 (2.39) * *	7.4459 (2.24) * *	−2.2202 (−0.55)
	CAP	0.543 (2.47) * *	0.8842 (0.79)	−0.4367 (−0.69)	−0.1411 (−1.79) *	0.4241 (0.38)	−0.3501 (−0.58)
	JS	79.3391 (6.95) * * *	98.3031 (1.19)	85.1884 (1.95) *	90.5419 (8.12) * * *	128.0766 (1.63)	74.8753 (1.18)
	OPEN	−0.6678 (−6.15) * * *	−0.3089 (−0.29)	−0.3977 (−0.63)	−0.7186 (−6.55) * * *	−0.2849 (−0.27)	−0.4105 (−0.65)
	GOV	−0.5078 (−0.66)	3.8656 (0.55)	−1.4650 (−0.37)	−0.3186 (−0.41)	3.0581 (0.44)	−1.6118 (−0.41)
	FI	0.3030 (1.73) *	−0.6412 (−0.89)	−0.0921 (−0.21)	0.3003 (2.60) * *	−0.5084 (−0.71)	−0.1321 (−0.30)
	常数项	−0.0127 (−0.10)	0.2509 (0.19)	0.4375 (0.61)	−0.0678 (−0.50)	−0.002 (−0.00)	0.5523 (0.76)
	IPS 检验 [p 值]	−3.135 (0.001)	−3.088 (0.001)	−3.091 (0.001)	−3.043 (0.001)	−3.065 (0.001)	−3.078 (0.001)
	DW 统计量	2.068	2.153	2.287	1.833	1.790	1.907
	Wald 统计量	65.65	89.78	54.60	75.78	85.02	57.84
	Sargan 检验 P 值	0.3812	0.3211	0.3477	0.3781	0.3800	0.3912

续表

	其他自变量	自变量为制造业 FDI			自变量为服务业 FDI		
		因变量为 GDP	因变量为制造业增加值	因变量为服务业增加值	因变量为 GDP	因变量为制造业增加值	因变量为服务业增加值
		(1)	(2)	(3)	(4)	(5)	(6)
服务业为主导产业省份	g(−1)	0.8933 (10.02) * * *	0.4753 (4.19) * * *	0.7403 (3.78) * * *	0.9243 (10.56) * * *	0.6123 (5.26) * * *	0.7438 (3.78) * * *
	FDI	0.3079 (1.76) *	0.7602 (2.10) * *	6.8134 (0.70)	−1.6801 (−0.53)	−6.0407 (−0.47)	2.9408 (0.19)
	CAP	0.1318 (0.25)	1.0940 (0.60)	0.2419 (0.08)	0.2427 (0.43)	1.2390 (0.59)	0.0193 (0.01)
	JS	108.3651 (2.44) * *	622.8343 (4.52) * * *	532.3197 (2.62) * *	90.2579 (2.19) * *	496.3223 (3.35) * * *	464.881 (2.63) * *
	OPEN	−0.1856 (−0.75)	1.5715 (1.80) *	1.5670 (1.18)	−0.1981 (−0.77)	1.7699 (1.78) *	1.7933 (1.31)
	GOV	0.9342 (0.78)	−1.7456 (−0.39)	−4.6268 (−0.74)	1.4280 (1.21)	3.9852 (0.87)	−4.4891 (−0.76)
	金融发展	0.2895 (1.93) *	2.5047 (2.40) * *	1.8852 (1.42)	0.2015 (1.70) *	2.1415 (1.76) *	2.2029 (1.58)
	常数项	−0.4307 (−0.59)	−4.6372 (−1.79) *	−5.3125 (−1.44)	−0.2838 (−0.36)	−5.1096 (−1.70) *	−5.3192 (−1.36)
	IPS 检验	−3.179 (0.001)	−3.233 (0.001)	−3.310 (0.001)	−3.227 (0.001)	−3.185 (0.001)	−3.093 (0.001)
	DW 统计量	2.179	2.038	2.133	1.876	1.898	1.953
	Wald 统计量	46.60	58.95	74.34	49.33	57.07	71.62
	Sargan 检验 P 值	0.3643	0.3521	0.3329	0.3569	0.3378	0.3783

注：括号内为 t 统计值，*、* *、* * * 分别表示在 10%、5% 和 1% 的水平上显著。[ ]内为统计量的概率值。

（4）对于服务业为主导产业省份，制造业 FDI 对整体增长、制造部门和服务部门增长都存在一定程度正溢出效应，但对服务部门溢出效果不显著；而服务业 FDI

对整体增长、制造业增长存在不显著负效应。

以上结论表明,总体上 FDI 流入对我国内资企业劳动生产率的提高起到抑制作用,原因是多方面的,一方面很多行业内外资企业技术差距过大,外资企业存在对本地企业的挤出效应,最终导致内外资企业在不同细分市场经营,从而降低技术外溢;另一方面对于本地竞争对手,跨国公司在东道国分支机构为保证它们的竞争优势地位,刻意对其知识资产进行保护,防止泄漏,防止技术溢出的发生。再者,我国一部分内资企业没有具备足够的技术吸收能力来消化、吸收所引进的先进技术。而对于 FDI 的细分我们会发现不同类型的外资影响还是有很大差别,这些结论所蕴含的政策含义也是较为明显的,政府相关部门在吸引外资的同时,一定要注意本地产业结构和外资的类型。

第三节 金融发展对外商直接投资技术溢出效应的影响

一、金融发展对 FDI 技术溢出的影响因素分析

改革开放以来,我国整体劳动生产率增速位居全球前列,远高于印度等发展中国家同期增长水平。对于中国制造业技术进步,一般认为其主要来源于外商直接投资的外部作用或溢出,还有部分是通过技术转让等途径获得。然而实证研究的结果并不一致,对于外商直接投资是否存在对东道国内资企业的技术溢出目前没有统一的结论。诸多学者研究结果表明存在正效应,理由是外资企业的进入提高了当地内资企业或东道国同一部门的劳动生产率。但最新的研究表明外商直接投资的技术溢出效应并不明显,甚至为负,即外资企业的存在对本地企业的生产率并没有明显影响,甚至降低了本地企业生产率,这说明 FDI 的溢出效应并不是一个自动得到的结果。既然是这样,东道国的哪些条件会影响 FDI 技术溢出效应的大小?

不少学者从不同角度研究了影响东道国对 FDI 吸收能力的因素,也得出许多不同结论。Ozawa 认为技术溢出的过程如果以运行良好的市场为基础将更有效,在此条件下能确保竞争和减少市场扭曲,增强企业之间的知识交流。Smarzynska 强调产权的作用,特别是知识产权的保护,对于吸收高技术 FDI 流入十分重要,如果一个国家的知识产权保护缺乏力度,则外国企业只愿意进行低技术投资项目,这将减少技术溢出和本地企业生产率提高的效果。最近的研究发现 FDI 对本地企业生产率的正向效应是依赖于东道国金融部门的发展程度的,Alfaro 提出证据支持这一观点。这一结论对于金融监管比较严格、金融发展水平比较低的中国是否适

合？以及目前金融部门对于FDI技术溢出与内资企业生产率之间起到了多大的联结作用？存不存在技术溢出正(负)效应的金融发展临界值？这些问题都需要我们做进一步的研究。

金融发展对FDI技术溢出效应的影响可以从两个方面考察，一方面是金融发展对于经济体系的整体影响；另一方面单独从FDI技术溢出的角度考虑，金融体系在其中起到的作用，两个方面相互关联。首先从整体经济角度，Levine认为金融市场发展可以为资源配置提供便利条件，使信息更加通畅，提高经济增长。Greenwood和Jovanovic认为高效率的金融体系可以将社会闲置资金集中进行项目投资，并且监督职能相对更专业化，从而提高项目效率，进而提高企业利润。从金融发展对FDI技术溢出这个特定角度来看，国外学者也从理论和实证方面做出大量研究。Choong用GMM方法检验了95个国家金融市场对FDI技术溢出吸收能力的影响，他证实金融市场发展是对东道国FDI吸收能力具有正向促进作用。在Hermes和Lensink的研究中，FDI被定义为创新成本的函数，当创新成本下降时，由于创新的价格更低，FDI流入会增加，外国向本地企业的技术转移将更多，金融部门的发展提高了东道国内资企业的创新速度和外商直接投资的技术溢出。Alvaro认为本地企业会向跨国公司在东道国的子公司学习，在发生技术转移情况下，本地企业会利用获得的新技术建立新企业。而新企业的建立需要风险投资，假定从国内金融市场借贷，如果因为金融部门的发展不够充分导致借贷成本过高，新企业有可能无法建立，技术转移将中断。此外，关于金融部门发展临界值或门槛效应也引起一些学者的关注，例如，Berthelemy和Varoudakis对不同经济体的实证检验发现，金融发展在临界值以上的经济体，通过金融深化将会促进FDI对本地企业的溢出，反之低于发展临界值的国家，金融部门规模的边际增长实际上起抑制作用。

国内学者也进行了大量理论和实证方面的研究，王永齐分析了企业家利用从跨国公司学到的技术经验进行自主创业中的困难，他发现金融市场起到FDI溢出与经济增长的重要联结作用，金融市场效率提高能够降低企业家融资成本，建立新企业的可能性增加，提高了FDI的边际社会产出，FDI的溢出效应将促进经济增长。赵奇伟和张诚采用省级面板数据实证分析了金融深化程度对FDI溢出效应的影响，他们认为我国目前金融制度改革滞后是造成FDI溢出效应为负的原因之一，同时金融深化程度不同也是造成应跨区域FDI溢出效应差异的重要原因。对金融发展临界值的研究，例如，钟娟证实FDI对我国技术进步有显著正向作用，但是FDI技术溢出存在显著的金融发展“门槛效应”。黄凌云等利用省际面板数据发现到1994年多数省份金融发展达到最低临界值，FDI出现显著的技术外溢，但由于还未跨越更高的门槛值，对FDI技术溢出的吸收还不够充分。

以上文献认同FDI技术溢出与东道国金融发展水平密切相关，存在溢出效应由负转正的临界值。本书认为不仅存在由负转正的临界值，还存在由正转负的临界值，如果当地金融部门过度发展，会面临产业空心化的风险，生产率难以提高。同时，笔者认为仅从全国整体的角度研究 FDI 技术溢出效应是不够的，不同类型 FDI 与金融部门之间的相互作用存在相当大的差别。基于这一点，我们将 FDI 中的制造业 FDI 和服务业 FDI 分开进行研究，同时把各省（市、区）以部门相对规模为基准分为制造业主导和服务业主导区域。通过这样的细分，来研究金融发展在不同类型 FDI 和不同主导产业地区起到的关联作用。

二、金融发展对 FDI 技术溢出的经验分析

1. 模型的建立

本书基础模型的建立是按照 Blomstrom 采用的方法，以此来说明 FDI 是否存在溢出效应。基础模型的形式是

$$g = \beta_0 + \beta_1 FDI + \beta_2 CAP + \beta_3 JS + \varepsilon \tag{4.7}$$

其中，g 为企业生产率，FDI 表示产业外资的进入程度，CAP 为产业人均资本数量，JS 表示产业中企业平均的人力资本状况。

考虑到诸多影响生产率的因素，我们在检验模型中添加一些控制变量，从而使得实证得到的结论更为准确，这些控制变量主要有政府消费支出（GOV）、开放度（$OPEN$）和金融发展水平（FI）。在这里我们借鉴钟娟、张庆亮（2010）的做法，将 FI 与 FDI、$FDI2$ 的交叉项也引入方程，来验证金融发展水平与 FDI 技术溢出是否存在 U 型关系。为进行 GMM 估计，在基本模型基础上增加时间维度和动态因素，并在等式右侧第一项增加了产出的一期滞后值。此外，由于 FDI 和国内投资等变量实际中发挥作用往往需要 1～2 年的时间后滞，因此，被解释变量采用一阶滞后项。本书最终的计量方程为以下形式：

$$\begin{aligned} g^{k}_{it+1} = {} & \beta_0 + \beta_1 g^{k}_{it} + \beta_2 FDI^{j}_{it} + \beta_3 CAP_{it} + \beta_4 JS_{it} + \beta_5 GOV_{it} + \beta_6 OPEN_{it} \\ & + \beta_7 FI_{it} + \beta_8 FDI^{j}_{it} FI_{it} + \beta_9 FDI^{j}_{it} FI_{it}{}^{2} + \mu_i + \eta_t + \varepsilon_{it} \end{aligned} \tag{4.8}$$

其中，上标 k 是和 GDP 有关的指标，在下面分组计量中分别表示人均 GDP、制造业增加值、服务业增加值；上标 j 是 FDI 指标，分别表示制造业 FDI、服务业 FDI；下标 $i=1,2,\cdots,31$ 代表省（市、自治区），$t=1,2,\cdots,16$ 代表时期，CAP_{it}、JS_{it}、GOV_{it}、$OPEN_{it}$、FI_{it}分别为第 i 省（市、自治区）第 t 期人均资本数量、人力资本存量、政府消费支出、开放度、金融发展程度；u_i 为个体效应，η_t 为时间效应，ε_{it} 为随机误差项，其中，$u_i \sim \text{i. i. d}(0,\sigma_u^2)$，$\varepsilon_{it} \sim \text{i. i. d}(0,\sigma_\varepsilon^2)$，$E[u_i \cdot \varepsilon_{it}]=0$。

(1) FDI 的技术溢出效应与金融发展水平存在线性关系，即 $\beta_9=0$。式(4.8)就简化为

$$\begin{aligned} g^{k}_{it+1} = {} & \beta_0 + \beta_1 g^{k}_{it} + \beta_2 FDI^{j}_{it} + \beta_3 CAP_{it} + \beta_4 JS_{it} + \beta_5 GOV_{it} + \beta_6 OPEN_{it} \\ & + \beta_7 FI_{it} + \beta_8 FDI^{j}_{it} FI_{it} + \mu_i + \eta_t + \varepsilon_{it} \end{aligned} \tag{4.9}$$

FDI 的技术溢出效应 $Spillover$ 可表示为

$$Spillover = \beta_2 \cdot FDI + \beta_8 \cdot FDI \cdot FI = (\beta_2 + \beta_8 \cdot FI)FDI \tag{4.10}$$

$-\frac{\beta_2}{\beta_8}$为技术溢出效应由负转正的金融发展临界值，即当金融发展水平跨过临界值后，FDI 的流入能促进技术进步。反之，FDI 的流入可能无法产生积极的技术溢出效应，甚至为负效应。

(2) FDI 的技术溢出效应与金融发展水平存在非线性关系，即 $\beta_9 \neq 0$。

如果 $\beta_9 \neq 0$，则 FDI 的技术溢出效应 $Spillover$ 可表示为

$$Spillover = \beta_2 \cdot FDI + \beta_8 \cdot FDI \cdot FI + \beta_9 FDI \cdot FI^2 = (\beta_2 + \beta_8 \cdot FI + \beta_9 \cdot FI^2)FDI \tag{4.11}$$

FDI 技术溢出效应随着金融发展水平的提高呈现先减后增（正 U 型）变动或先增后减（倒 U 形）变动。当

$$\beta_8^2 - 4\beta_9\beta_2 \geqslant 0$$

临界值分别为

$$FI = \frac{-\beta_8 - \sqrt{\beta_8^2 - 4\beta_9\beta_2}}{2\beta_9}$$

$$FI = \frac{-\beta_8 + \sqrt{\beta_8^2 - 4\beta_9\beta_2}}{2\beta_9}$$

2. 变量说明及数据来源

g_{it}为企业生产率指标，衡量本地技术水平，分别表示国内企业人均 GDP、人均制造业增加值、人均服务业增加值，均为剔除物价波动的真实值（2000 年的价格为不变价格）。FDI_{it}为省（市、区）外商直接投资指标，衡量外商直接投资对经济增长的影响，分别用各期制造业、服务业 FDI 与各自产业 GDP 的比值来表示。CAP_{it}为省（市、区）国内投资指标，衡量国内投资对经济增长的影响，用省（市、区）产业国内投资与 GDP 的比值来表示。其中，国内投资总额是利用全社会固定资产投资总额减去经汇率换算后的 FDI，再用 GDP 平减指数调整得到的数据。JS_{it}为省（市、区）人力资本存量指标，衡量人力资本对经济增长的影响。国际上对人力资本存量的测算，通常采用平均受教育年限来近似计算。但是由于数据的难以获得性，故本书选用公有经济企事业单位专业技术人员数和就业人员数的比值来表示。FI_{it}为省（市、区）金融发展指标，衡量金融发展对经济增长的影响。衡量金融发展的指标主要有麦氏指标（M2/GDP）和戈氏指标（一国全部金融资产价值占 GDP 的比重）。本书借鉴戈氏指标的度量方法，采用各地各项贷款余额来替代当地金融资产的价值，并以其占 GDP 的比重来反映当地金融市场发展水平。$OPEN_{it}$为省（市、区）开放度指标，衡量对外贸易对经济增长的影响，用进出口总额与 GDP 的比值来表示。GOV_{it}为政府消费支出指标，衡量政府消费支出对经济增长的影响，用政府最终消费支出额与 GDP 的比值来表示。

本书所用到的 2000～2010 年全国及 31 个省（市、区）的面板数据来源于历年

《中国统计年鉴》及省(市、区)统计年鉴。对省份归类为制造业主导或服务业主导的定义原则如下:以全国制造业和服务业增加值占GDP比重作为平均值,某个省份如果具备制造业比重大于平均数,而服务业比重小于平均数,则定义为制造业主导省份。服务业主导的定义类似,也就是服务业份额大于平均数,而制造业份额小于平均数。不符合以上条件的,如果制造业增加值比重大于服务业增加值比重,定义为制造业主导省份;反之,定义为服务业主导省份。此外由于数据获得性有限,部分省区本书用人均工业增加值替代人均制造业增加值,用工业FDI替代制造业FDI。

在式(4.8)中,被解释变量与随机扰动项相关,$E(\Delta g_{i,t-1}^{k} \cdot \Delta\varepsilon_{it}) \neq 0$,存在严重的内生性,动态项OLS估计量严重上偏,固定效应OLS估计量严重下偏,随机效应GLS估计量也有偏。此外,其他解释变量也可能存在内生性。为了解决以上的计量问题,本书采用Blundell和Bond提出的广义矩(GMM)方法对动态面板模型进行估计,计量分析使用的Stata 10.0软件。

3. 回归结果分析

(1) 整体分析

首先从全国整体来分析金融市场发展的影响,实证结果参见表4.4。从表4.4我们可以看出:第一,总FDI、制造业FDI和服务业FDI项的系数均为负值,且至少在10%水平统计显著,这说明以上几类FDI对产出存在较为显著的负溢出效应,外资进入阻碍了内资企业生产率提高。这一结论与赵奇伟、张诚(2007)的实证结果一致,从金融深化过程来理解,他们认为在2000年以前国内金融市场尚能满足内资企业融资需求,从而抑制了FDI技术溢出效应。第二,如果以人均GDP作为被解释变量,金融发展变量FI对产出的影响为正向,无论是整体还是各部分均如此,这说明金融市场发展有利于国内企业生产率提高。这与王永齐(2006)的研究一致,他认为金融发展降低企业融资成本,便于企业家自主创业,从而实现技术扩散和转移,出现技术溢出效应。第三,总FDI * FI的系数为正,且在5%水平上显著,这说明金融市场起到了联结FDI溢出与经济增长的重要作用;将服务业FDI作为解释变量进行回归,FDI * FI的系数为15.793,大于总FDI * FI的系数6.422,说明金融环境的改善更加有助于服务业FDI技术溢出的实现。第四,总FDI和服务业FDI在FDI * FI2的系数分别在1%、5%水平上显著为负,说明我国总FDI、服务业FDI技术溢出的发挥和金融发展水平存在非线性关系,FDI的技术溢出随着金融发展水平的提高呈现倒U型变动,随金融市场发展,FDI技术外溢对国内企业生产率会产生先增后减的趋势,开始会促进增长,随着金融发展过度深化最终导致产业空心化,反而起限制作用。

表 4.4　金融发展对总 FDI、制造业 FDI 和服务业 FDI 溢出效应的影响

其他自变量	自变量为总 FDI	自变量为制造业 FDI			自变量为服务业 FDI		
	因变量为人均 GDP	因变量为人均 GDP	因变量为制造业人均增加值	因变量为服务业人均增加值	因变量为人均 GDP	因变量为制造业人均增加值	因变量为服务业人均增加值
	(1)	(2)	(3)	(4)	(5)	(6)	(7)
g	0.847 * * * (23.59)	0.849 * * * (22.64)	0.881 * * * (17.44)	0.964 * * * (9.27)	0.865 * * * (25.51)	0.877 * * * (18.04)	0.987 * * * (10.83)
FDI	−4.464 * * (−2.42)	−5.156 * (−1.72)	−2.850 (−0.12)	7.876 (0.48)	−10.352 * (−1.71)	−13.968 (−0.47)	−3.142 (−0.15)
CAP	−0.179 (−1.39)	−0.150 (−1.16)	−0.261 (−0.28)	−1.269 * (−1.70)	−0.294 * * (−2.42)	−0.559 (−0.63)	−1.150 (−1.65)
JS	87.139 * * * (6.82)	84.270 * * * (6.60)	190.805 * * * (2.73)	188.615 * * * (2.80)	92.822 * * * (7.44)	211.467 * * * (3.23)	165.254 * * (2.58)
GOV	−0.377 (−0.56)	−0.583 (−0.86)	−1.023 (−0.22)	−7.369 (−2.31) * *	−0.351 (−0.53)	−1.326 (−0.28)	−7.847 (−2.44) * *
OPEN	−0.613 * * * (−5.43)	−0.550 * * * (−4.94)	−0.222 (−0.28)	0.649 (0.96)	−0.596 * * * (−5.33)	0.052 (0.06)	1.058 (1.65)
FI	0.356 * * * (3.11)	0.346 * * * (3.16)	0.032 (0.04)	0.941 * (1.75)	0.352 * * * (3.09)	−0.363 (−0.47)	0.436 (0.74)
FDI * FI	6.422 * * (2.29)	7.467 (1.45)	0.120 (0.00)	−11.708 (−0.44)	15.793 * * * (2.90)	10.990 (0.26)	−8.056 (−0.28)
FDI * FI^2	−2.676 * * (−2.44)	−3.176 (−1.50)	1.538 (0.10)	5.290 (0.49)	−5.943 * * * (−3.07)	3.605 (0.23)	9.474 (0.95)
常数项	0.064 (0.40)	0.056 (0.35)	0.599 (0.49)	−0.205 (−0.24)	0.012 (0.08)	0.817 (0.68)	0.220 (0.27)

续表

其他自变量	自变量为总 FDI	自变量为制造业 FDI			自变量为服务业 FDI		
	因变量为人均 GDP	因变量为人均 GDP	因变量为制造业人均增加值	因变量为服务业人均增加值	因变量为人均 GDP	因变量为制造业人均增加值	因变量为服务业人均增加值
	(1)	(2)	(3)	(4)	(5)	(6)	(7)
IPS 检验 [p 值]	−3.055 [0.001]	−3.125 [0.001]	−3.217 [0.001]	−2.987 [0.001]	−2.966 [0.001]	−3.168 [0.001]	−3.287 [0.001]
DW 统计量	2.085	2.145	2.243	1.988	1.876	1.954	2.067
Wald 统计量	73.55	80.14	64.73	79.33	75.21	59.44	61.48
Sargan 检验 P 值	0.335	0.313	0.386	0.287	0.295	0.314	0.363

注:括号内为 t 统计值,*、**、***分别表示在10%、5%和1%的水平上显著。[ ]内为统计量的概率值。

当各项贷款与 GDP 的比值在 0～1.175 之间,总 FDI 的技术溢出是负效应;在 1.175～1.482 之间是正效应,其中,在 1.175～1.328 之间,是递增的正效应,在 1.328～1.482 之间,是递减的正效应(1.328 是拐点),大于 1.482 是负效应。具体见图 4.2。

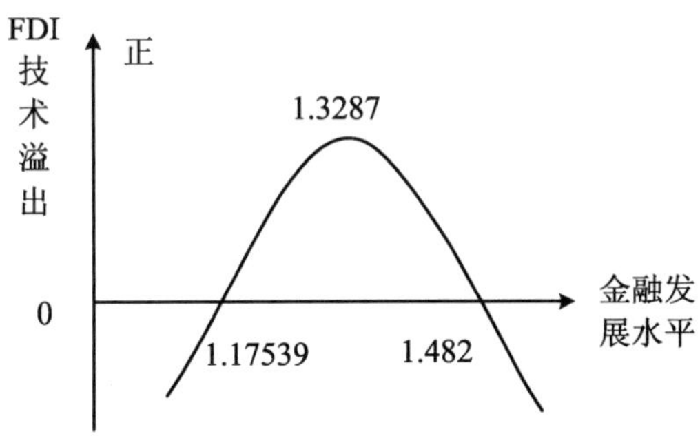

图 4.2　我国整体 FDI 技术溢出效应随着金融发展水平的提高呈现倒 U 形变动

从全国整体来看,2005～2008 年我国各项贷款与 GDP 的比值分别为 1.052、1.041、0.984、0.966,均小于临界值 1.175,这说明我国低水平的金融业抑制了 FDI 的技术溢出,并且为负。而 2010 年我国各项贷款与 GDP 的比值为 1.188,大于由负转正的临界值 1.175,这说明当前我国 FDI 的技术溢出正效应才开始显现,金融市场才开始放大FDI对经济增长的贡献。通过对FDI类型分解，正效应主要来自服务业FDI，也就是说金融市场发展在促进FDI技术溢出中起着非常重要的联结作用，尤其是在推动服务业FDI技术溢出方面。因为制造业与服务业相比，向东道国转移的技术有很大差别，制造业技术外溢主要是"硬"技术，如设备、工业生产线等，相反服务业转移的是"软"技术，如生产工艺、管理、营销、组织、信息等。很多研究认为"软"技术(缄默知识)对我国现阶段生产率提高作用更大，因此，金融市场发展对于改善服务业FDI技术溢出，进而提高整体经济增长有更明显效果。2010年，北京、上海和浙江的各项贷款与GDP的比值分别为2.584、1.989和1.633，均大于由正转负的临界值1.482，正处于负效应阶段；贵州、天津、重庆的各项贷款与GDP的比值分别为1.248、1.394和1.373，正处于正效应阶段，只不过贵州处于正效应递增阶段，天津、重庆处于正效应递减阶段。其他省份FDI外溢效应均受到金融市场发展的限制。

(2) 按主导产业进行地区分组分析

如果我们按主导产业将各省(市、区)分为制造业主导和服务业主导区域，然后分别进行以上回归，会进一步揭示一些现象，计量结果列于表4.5。从表4.5我们可以看出：FDI、FDI * FI 、FDI * FI2 项系数在制造业地区基本上是不显著的(服务业FDI对地区人均GDP影响除外)，这说明FDI在制造业地区基本上不存在技术溢出效应，制造业企业劳动生产率的提高主要由于国内企业在金融部门的支持下进行技术改造、研发创新、员工培训和人力资本积累而获得的。而对于服务业主导地区，FDI技术溢出效应和金融发展水平存在倒U字形关系，金融发展水平大于由负转正的临界值将会促进服务业FDI的溢出效应，大于由正转负的临界值以后才会出现抑制作用。

服务业为主导产业区域，当各项贷款除以GDP在0～1.052之间，服务部门FDI技术溢出效应是负向的；在1.052～1.597之间，是正效应，其中，在1.052～1.325之间，是递增的正效应，在1.325～1.597之间，是递减的正效应(1.325是拐点)，大于1.597是递增的负效应。具体如图4.3所示。

为保证估计结果的有效性，我们对模型进行了四个方面的检验。一是面板残差的平稳性检验。遵循一般常用的IPS检验即In，Pesaran和Shin在1995年提出的Z统计量进行面板残差的平稳性检验，从检验结果来看，残差是平稳的，由此可以认为动态面板数据平稳，广义矩方法估计有效。二是自相关检验。针对动态面板广义矩(GMM)估计，一个必要前提条件是模型不存在明显的自相关。我们利用杜宾—瓦尔森d统计量来检验广义矩(GMM)估计中残差的自相关状态，结果表明，残差没有明显的自相关性。三是Sargan检验。Sargan检验p值如表所示，证明工具变量有效，矩条件是成立的。四是Wald检验。Wald统计量大于0.05，说明统计量落在原假设接受域内，接受原假设，参数约束条件成立，说明模型整体上是有效的。因此，估计的结果是可以信赖的。

表 4.5　金融发展对不同区域制造业 FDI 和服务业 FDI 溢出效应的影响

	其他自变量	自变量为制造业 FDI			自变量为服务业 FDI		
		因变量为人均 GDP	因变量为制造业人均增加值	因变量为服务业人均增加值	因变量为人均 GDP	因变量为制造业人均增加值	因变量为服务业人均增加值
		(1)	(2)	(3)	(4)	(5)	(6)
制造业为主导产业省份	g	0.844 *** (23.86)	0.926 *** (16.91)	1.011 *** (9.25)	0.858 *** (25.10)	0.917 *** (17.08)	1.017 *** (9.67)
	FDI	1.187 (0.30)	0.247 (0.01)	4.397 (0.21)	6.502 (0.91)	20.987 (0.29)	6.757 (0.18)
	CAP	−0.069 (−0.59)	0.955 (0.85)	−0.408 (−0.63)	−0.110 (−1.01)	0.763 (0.68)	−0.177 (−0.29)
	JS	79.666 *** (6.86)	98.419 (1.17)	82.319 (1.28)	80.130 *** (7.08)	108.888 (1.39)	60.217 (0.93)
	OPEN	−0.627 *** (−5.39)	0.025 (0.02)	−0.280 (−0.42)	−0.565 *** (−4.96)	0.265 (0.24)	−0.117 (−0.18)
	GOV	−0.452 (−0.56)	3.353 (0.47)	−1.889 (−0.46)	−0.601 (−0.79)	4.239 (0.61)	−2.067 (−0.52)
	FI	0.586 * (1.81)	0.862 ** (2.15)	0.483 (1.52)	0.484 * (1.69)	0.749 *** (2.75)	0.327 (1.37)
	FDI * FI	−4.373 (−0.59)	−18.301 (−0.24)	−12.322 (−0.31)	−15.836 (−1.29)	−63.321 (−0.50)	−31.563 (−0.48)
	FDI * FI^2	2.380 (0.71)	14.721 (0.42)	8.317 (0.46)	9.230 * (1.78)	49.067 (0.92)	22.643 (0.81)
	常数项	−0.022 (−0.14)	0.558 (0.37)	0.622 (0.76)	0.034 (0.23)	0.739 (0.51)	0.934 (1.15)
	IPS 检验 p 值	−3.127 [0.001]	−3.105 [0.001]	−3.132 [0.001]	−3.088 [0.001]	−3.079 [0.001]	−3.145 [0.001]
	DW 统计量	2.037	2.179	2.298	1.921	1.835	1.953
	Wald 统计量	45.63	65.86	55.15	61.48	51.48	59.64
	Sargan 检验 P 值	0.371	0.312	0.328	0.381	0.378	0.389

续表

	其他自变量	自变量为制造业 FDI			自变量为服务业 FDI		
		因变量为人均 GDP	因变量为制造业人均增加值	因变量为服务业人均增加值	因变量为人均 GDP	因变量为制造业人均增加值	因变量为服务业人均增加值
		(1)	(2)	(3)	(4)	(5)	(6)
服务业为主导产业省份	g(−1)	0.840 *** (7.57)	0.451 *** (3.23)	0.707 *** (3.04)	0.840 *** (9.03)	0.593 *** (4.72)	0.762 *** (3.73)
	FDI	−26.159* (−1.77)	−78.262 (−1.21)	−25.192 (−0.32)	−18.236* (−1.86)	−29.857 (−0.62)	−61.595* (−1.71)
	CAP	−0.267 (−0.38)	1.726 (0.66)	0.323 (0.09)	−0.221 (−0.35)	1.324 (0.55)	−1.698 (−0.47)
	JS	90.558** (2.26)	532.572 *** (3.80)	411.94* (1.97)	119.885 *** (2.83)	488.257 *** (3.23)	490.449** (2.67)
	OPEN	−0.275 (−0.92)	1.161 (1.11)	0.773 (0.43)	−0.343 (−1.27)	0.984 (0.90)	2.170 (1.40)
	GOV	0.620 (0.48)	−0.152 (−0.03)	−5.022 (−0.76)	1.275 (1.07)	4.208 (0.86)	−7.193 (−1.15)
	FI	0.464 *** (3.33)	2.740** (2.40)	1.908 (1.31)	0.815* (1.82)	3.061* (1.85)	1.787 (1.01)
	FDI*FI	31.876* (1.80)	108.776* (1.84)	45.055 (0.50)	28.742* (1.78)	49.935 (0.76)	77.748 (0.97)
	FDI*FI^2	−10.191** (−2.15)	−39.720 (−1.61)	−19.169 (−0.68)	−10.846** (−2.05)	−22.477 (−1.06)	−15.712 (−0.62)
	常数项	0.091 (0.12)	−3.599 (−1.23)	−2.942 (−0.68)	−0.739 (−0.95)	−5.247 (−1.72)	−4.988 (−1.31)
	IPS 检验	−3.011 [0.001]	−3.133 [0.001]	−3.329 [0.001]	−3.128 [0.001]	−3.175 [0.001]	−3.099 [0.001]
	DW 统计量	2.128	2.047	2.137	1.899	1.893	1.949
	Wald 统计量	68.73	49.81	70.80	69.78	67.42	57.38
	Sargan 检验 P 值	0.332	0.312	0.303	0.315	0.308	0.320

注：括号内为 t 统计值，*、**、***分别表示在 10%、5%和 1%的水平上显著。[ ]内为统计量的概率值。

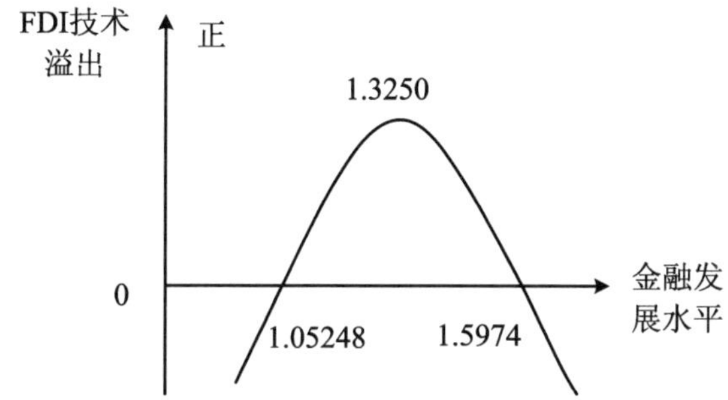

图 4.3　服务业主导区域 FDI 技术溢出效应随着金融发展水平的提高呈现倒 U 形变动

三、相关结论

本书利用 2000～2010 年间的省际面板数据，采用广义矩(GMM)方法分析了我国金融发展对 FDI 技术溢出效应的影响。我们得到的第一个结论是制造业 FDI 对内资企业生产率不存在明显影响或存在不显著的负效应，制造业企业劳动生产率的提高主要由于国内企业在金融部门的支持下进行技术改造、研发创新、员工培训和人力资本积累而获得的。第二个结论是金融市场发展对我国 FDI 技术溢出效应的影响存在着明显的阶段性特征。我国总 FDI、服务业 FDI 技术溢出效应和金融发展之间存在非线性关系，技术溢出效应随着金融发展水平呈现倒 U 型变动，金融发展水平大于由负转正的临界值将会促进 FDI 的技术溢出，金融市场达到一定程度(大于由正转负的临界值)以后才会出现抑制作用，即随着金融发展过度深化最终导致产业空心化，反而起限制作用。第三个结论是我国整体金融发展水平刚刚跨过由负转正的临界值，绝大多数省份仍低于此临界值，贵州、天津、重庆正处于两个临界值之间，FDI 技术溢出效应为正，而北京、上海和浙江跨过了由正转负的临界值，正面临金融发展过度深化。

以上结论表明，对于大部分省(市、区)内资企业生产率改进主要通过企业自身 R&D 投入和科技人员数量、素质提高获得，总体上 FDI 流入并没有起到预期提高内资企业生产率的作用，这些结论所蕴含的政策含义也是较为明显的，政府相关部门在吸引外资的同时，一定要增强本地企业对 FDI 技术溢出的吸收能力，同时还要注意本地产业结构和外资的类型。本书提出以下政策建议：

(1) 金融市场发展对我国 FDI 技术溢出效应的影响存在着明显的阶段性特征(倒 U 型)。全国刚刚迈过 FDI 技术溢出由负转正的临界值，绝大多数省份金融发展水平仍低于临界值，而北京、上海和浙江金融发展水平超过了 FDI 技术溢出由正转负的临界值，要避免金融发展过度深化的风险。

(2) 根据本书实证结果金融发展更有利于服务业 FDI 的技术溢出，因此，地方应加强对那些与服务 FDI 有紧密关联的内资企业的金融支持，而从融资需求特征和我国金融体系来看，作为主要资金供给者的银行业更偏好将资金集中投向规模较大的制造业企业，而与服务相关的多为中小企业，难以获得资金支持，因此，金融机构应避免信贷结构扭曲，采取更为灵活的经营机制，为内资中小企业创造融资上的便利条件。

（3）为了加快经济发展和充分利用 FDI 技术溢出，我国绝大多数省份要大力发展金融市场，完善金融市场机制，提高金融服务效率，加速储蓄向投资的转化，降低我国的企业融资成本，实现传统技术改造升级，让国内创业者在获得足够的知识和技术积累之后能够自主创业，实现国外先进技术的扩散，获得较大 FDI 技术溢出效应。相反，北京、上海和浙江要适当放慢金融市场发展进程，积极鼓励高端制造业的发展，争取占领国际技术制高点。

（4）提高内资企业自主创新能力。我国要进一步解放思想，转变技术依赖观念，坚持强调内资企业自主创新的思想，构建以企业为中心的产学研自主创新体系；进一步加大我国财政对企业科技创新的支持力度，增加基础性研究的资金投入，扭转基础研究投入严重不足的局面；积极发展资本市场和货币市场，打造高效金融支持体系，增加自主创新的融资渠道，满足不同内资企业融资需求，增强内资企业自主创新的主动性，不断提高自主创新能力。

以上本书分析了 FDI 对东道国技术溢出机制，以及金融发展对 FDI 技术溢出的影响，同时实证分析了中国 2000～2010 年 FDI 对国内企业技术溢出的效应，为更精确的分析不同类型 FDI 的影响，我们按行业进行简单的分类，并按照地区特征进行分别研究，结果是很明显的，首先国内企业的增长效应为负向，且在 10%水平显著，这表示外资进入并没有出现对我国内资企业的技术溢出，相反却阻碍其劳动生产率提高。而从分类结果来看，服务业 FDI 对国内企业生产效率的影响更高。根据这些情况，本书认为可以从不同环节制定相应政策加以改善。

（1）跨国公司技术转移内部化的现象使 FDI 的技术外溢降低，本地企业很难从中获得生产率的提高，因此，地方政府在引资过程中要把外资企业对本地企业的技术转移，尤其是“软技术”转移作为进入本地市场的先决条件，鼓励从事高端产品研发中心的进入，放弃低端制造业的转移。

（2）由于服务部门 FDI 存在明显技术溢出，而且服务业外部性发挥作用的地理范围较小，地方政府在吸引 FDI 时，应当将重心放在有关生产工艺、管理、营销、组织、信息和金融等相关的经营现代服务外资的引入方面，同时注重本地与生产配套的商业、法律、金融、会计和通讯条件，大力培育本地新兴服务业，优化和提升传统服务业，积极做好国际服务业转移的承接，来实现产业升级和技术进步。

（3）地方政府在促进本地产业集群发展中的政策应该及时调整，注意不同类型企业之间关系协调，鼓励那些创新企业专注开发核心竞争力，通过其他专业化配套企业来解决生产、物流、市场开发和商业服务等环节，这些企业在管理那些非核心业务，本身就是生产率的提高。研究显示，那些借助企业家精神和创新技术驱动的中小企业往往更有活力，而这些企业通常在本地区经营，因此，更依赖本地合作伙伴，地方政府在帮助这些企业能够获得本地资源能力，协同配套企业有很方便的渠道来协助其管理非核心业务，将有助于本地创新能力的提升。

(4) 根据本地产业结构决定引资类型，要注意与本地主导产业的互补关系，制造业为主导产业省份要有倾向性的引进服务业 FDI，服务业为主导产业省份要有倾向性的引进制造业 FDI。通过水平关联和垂直关联与跨国公司能够建立上、下游的关联网络，加速跨国公司先进技术向本地企业的溢出。

(5) 本地金融市场发展促进生产率提高，因此，地方政府要积极创造良好的金融环境，增强本地企业的技术吸收能力和技术创新能力。FDI 流入增加，如果配合良好金融市场条件，就会产生更好的增长效果，而不是通常所认识的“更多的 FDI，更快的增长率”。

(6) 金融发展更有利于服务业 FDI 的技术溢出，因此，地方应加强对那些与服务 FDI 有紧密关联的内资企业的金融支持。为了加快经济发展和充分利用 FDI 技术溢出，我国绝大多数省份要大力发展金融市场，完善金融市场机制，提高金融服务效率，加速储蓄向投资的转化，降低我国的企业融资成本，实现传统技术改造升级，让国内创业者在获得足够的知识和技术积累之后能够自主创业，实现国外先进技术的扩散，获得较大 FDI 技术溢出效应。

第五章 外商直接投资、制造业产业集聚对技术创新的实证研究

根据第四章关于我国FDI技术溢出效应的实证分析，在最近10年时间内，FDI对国内企业的技术溢出效应并不强烈，一些行业甚至是负效应，而且不同类型FDI也有很大差距。在本章中，首先利用大量统计数据来说明我国近年创新产出的地理分布和变动情况，然后继续从行业的角度研究FDI、产业集聚对国内企业技术创新的影响，最后从地区创新体系的角度来分析，我国企业目前在自主技术创新方面存在的问题、具有的优势，以及如何从产业集群向创新集群转变。

第一节 中国技术创新的变动趋势

创新能力作为一个地区竞争优势的重要来源，可以理解为一个地区创造新知识的能力(Porter，1990)。在某种意义上，知识存量丰富的地区将为本地企业创新提供产生规模报酬递增的良好机会。在当今全球化背景下，资本能够在国家之间流动，它们会流向那些劳动力成本更低的地方，而鼓励创新的知识基础却无法流动(Arrow，1962)，因此，发达国家的竞争优势倾向于建立在知识技术密集型生产之上，所采取的公共政策集中于人力资本投资、R&D和保护知识产权等方面，以此来强化知识和创新平台。

劳动力和资本禀赋的增加并不会自动带来人均收入的提高，但是在科学知识和最新技术创新基础上的新方法、新产品和服务的引入，将会产生垄断租金，并引起市场不稳定(Schumpeter，1934)。技术进步和创新是先前R&D投入的结果，那些经济更活跃、富有更强竞争力的地区往往具有高技术人力资本的资源禀赋，从而在吸收和创造新知识方面可以达到更高的R&D密集程度。

现有衡量地区创新的指标主要有地区R&D经费支出、专利以及和生产相关的创新指标。R&D经费支出一般衡量企业在创新过程中的投入，专利授予数量被解释为技术知识的产量，和生产相关的创新指标可以用新产品增加值表示。本章说明了各地区高科技新产品销售收入的分布，可以明显看出，用这个指标衡量创新能力，近10年间创新能力突出的省份集中于上海、江苏、浙江、山东和广东，并且和

其他地区有非常显著的差距。从区域来看，我国创新能力集中在珠三角和长三角地区省份，中西部地区在此方面相差甚远。

本章反映了各地区专利和发明授予量的分布，由于在专利中，发明最能直接反映高水平智力创新活动，因此一些研究用发明来衡量创新能力。表 5.1 为不同年份专利授予量排名前五位的省份。可以看出，在 1996 年专利分布还比较分散，北京和辽宁的排名比较高；而 2000 年之后，我国专利授予主要集中于广东、上海、山东、浙江、江苏五个地区；在 2009 年，这五个省份占全国的比重达到 64%，所以从创新能力分布来看，要比 FDI 的分布集中的多。这些地区中的城市通常具有相似的商业环境，并专业化于生产某类产品，彼此关系密切，构成非常有利创新活动产生的地区网络体系。对一个企业来说，即使是处于该区域的二、三线城市，也能获得较低创新成本和取得适合企业发展的资源。相反，在河南、湖南、湖北的一些竞争城市可能缺乏一些创新企业所需资源，和主要产业集群地理距离太远，从而在创新方面表现不佳。

表 5.1　各年份专利授予量排名前五位的省份

	1996	2000	2004	2006	2009
1	广东	广东	广东	广东	江苏
2	北京	上海	浙江	浙江	广东
3	山东	北京	江苏	江苏	浙江
4	江苏	浙江	上海	上海	上海
5	辽宁	山东	山东	山东	山东

数据来源：根据各年度国家统计局编制《中国工业统计年鉴》相关数据计算得到。

表 5.2 将我国专利授予数量和吸引 FDI 流入前十名的省份进行对比，可以看出在前五名中是高度重合的，其中有 4 个省份是一致的，FDI 和这些地区的创新能力至少从数据上是有比较密切的关联。从集中的程度来看，专利授予量前三位的省份，即江苏、广东、浙江的总和占全国的比重为 50%，排名前五位的省份之和占全国比重为 64%；吸引 FDI 流入前三位分别是江苏、广东、辽宁，所占比重为 68%，排名前五位省份之和占全国比重为 90%。

表 5.2　2009 年专利授予量和吸引 FDI 数量排名前十位的省份

排名	1	2	3	4	5	6	7	8	9	10
专利授予数量	江苏	广东	浙江	上海	山东	北京	四川	辽宁	河南	湖北
FDI 实际使用	江苏	广东	辽宁	上海	浙江	天津	山东	北京	福建	河南

数据来源：根据各年度国家统计局编制《中国工业统计年鉴》相关数据计算得到。

经过以上对比分析可以看出，FDI 的集中度要高于创新能力的集中度，但两者从地区来看重合度是比较高的。FDI 集聚密度在北部和中部省份，如辽宁、河南，尽管未能在创新能力方面有突出表现，但也有较高的 FDI 流入水平。这种差异反映了中国经济结构，许多北部和中部省份拥有强大的制造业基础，因为这些地区邻近原材料，拥有相对廉价的半熟练劳动力，一些大型跨国公司在这些地区有大量投资。而创新能力强的地区除了拥有强大制造业基础以外，其他一些因素，如教育基础、是否邻近海外市场、政策等都有影响。

表 5.3 是各地区制造业新产品销售收入汇总，表 5.4 是各地区专利授权量情况汇总。表 5.3 和表 5.4 未计入海南省、青海省、西藏自治区以及中国香港、中国澳门和中国台湾的数据。

第二节　实证研究的设计及其实施

在第一节中利用大量统计数据分析了我国创新能力的地区差异，并且这种差异和 FDI 流入是高度重合的。在本节中，将在现有研究的基础上，从行业 FDI 进入和产业集聚的视角对我国十三个制造业产业的创新绩效进行实证分析，并根据行业 R&D 投入强度将其分为中低和高技术组别，进行分类对比，来探讨各类因素对行业创新绩效的影响程度。

一、计量模型的建立

根据以上关于 FDI 和产业集聚对地区技术创新绩效的讨论，本书认为 FDI 的技术溢出和产业集聚带来的正外部经济均会对本地企业技术创新绩效产生影响，另外考虑到本地企业的创新投入，以及市场环境带来的外部影响，本书将以上因素纳入分析范畴，试图通过实证分析找出影响创新绩效的具体因素。首先建立基础计量模型，根据 Jaffe(1989)所提出的知识生产函数来反映创新产出，他认为一个地区创新产出主要取决于两方面因素，第一是企业的 R&D 投资，第二来自于外部知识的影响，也就是所在地区各种类型的技术溢出，本书主要是指 FDI 和产业集群的影响，这些因素能够改进企业创新投入的使用效率，创新生产函数中考虑各种与知识溢出有关的因素能更全面地解释创新绩效，通常可以采用柯布——道格拉斯生产函数形式：

$$Innov_i = A_i rd^{\alpha} spill_i^{\beta} \varepsilon_i \tag{5.1}$$

式中，$Innov$ 为创新产出，rd 为 R&D 经费投入，$spill$ 代表 FDI 和集聚经济有关的解释变量，包括 FDI、集聚多样化、知识溢出和专业化知识溢出等因素，即

表 5.3　各地区制造业新产品销售收入汇总

单位:亿元

		2010	2009	2008	2007	2006	2005	2004	2003	2002	2001	2000
东部地区	北京	828	726	873	1032	614	623	618	349	514	497	565
	天津	805	782	828	867	886	861	809	577	558	490	404
	河北	450	423	402	373	324	286	232	169	133	127	124
	辽宁	673	844	761	643	635	625	589	505	396	332	300
	上海	2122	1923	1968	2036	2139	1984	1723	1618	1587	1457	1352
	江苏	2777	2431	2302	2109	1588	1587	1550	1278	1172	965	973
	浙江	2006	1618	1662	1721	1452	1257	971	740	423	463	511
	福建	628	551	582	617	594	573	518	629	283	238	195
	山东	2693	2322	2105	1798	1495	1483	1432	1015	949	786	730
	广东	3505	2738	2414	2014	2047	2030	1945	1469	940	974	842
中部地区	山西	197	228	223	223	201	166	118	93	45	34	51
	吉林	501	967	718	391	432	293	100	47	166	205	146
	黑龙江	189	189	199	210	163	148	127	113	86	76	93
	安徽	640	466	406	322	273	267	252	132	184	138	104
	江西	244	172	199	230	205	163	109	96	73	67	63
	河南	585	587	547	497	431	365	272	196	161	122	142
	湖北	746	607	572	517	295	305	309	277	211	216	243
	湖南	743	643	531	377	294	289	275	149	140	109	100

续表

		2010	2009	2008	2007	2006	2005	2004	2003	2002	2001	2000
西部地区	广西	297	278	260	229	174	178	177	136	99	97	119
	内蒙古	104	73	76	79	86	109	144	71	27	30	26
	重庆	747	596	567	514	401	372	330	274	228	179	166
	四川	443	632	586	498	427	374	296	262	263	195	203
	贵州	105	68	77	88	93	74	46	41	31	22	22
	云南	86	96	132	172	90	71	45	27	28	34	25
	陕西	253	210	203	196	165	156	139	107	86	75	83
	甘肃	121	89	98	108	89	62	28	17	15	20	32
	宁夏	34	34	29	23	25	22	17	11	6	8	13
	新疆	97	40	40	42	25	26	28	8	9	10	7

数据来源：根据各年度国家统计局编制《中国工业统计年鉴》相关数据计算得到。

表 5.4　各地区专利授权量情况汇总

		1996		2000		2002		2004		2006		2008		2009	
		授权量	发明	授权量	发明	授权量	发明	授权量	发明	授权量	发明	授权量	发明	授权量	发明
全国		39725	1383	140339	25346	112103	5868	151328	18241	223860	25077	352406	46590	501786	65391
东部地区	北京	3295	246	10344	3409	6345	1061	9005	3216	11238	3864	17747	6478	22921	9157
	天津	899	51	2789	470	1827	102	2578	432	4159	967	6790	1610	7404	1889
	河北	1526	45	3848	601	3353	190	3407	357	4131	407	5496	549	6839	691
	辽宁	2447	118	7151	1299	4551	385	5749	911	7399	1063	10665	1516	12198	1993
	上海	1610	74	11337	4713	6695	341	10625	1687	16602	2644	24468	4258	34913	5997
	江苏	2578	98	8211	1160	7595	334	11330	1026	19352	1631	44438	3508	87286	5322
	浙江	2410	45	10316	859	10479	188	15249	785	30968	1424	52953	3269	79945	4818
	山东	2630	84	10019	1245	7293	322	9733	788	15937	1092	26688	1845	34513	2865
	福建	1194	15	4211	377	4001	63	4758	160	6412	310	7937	530	11282	824
	广东	5273	57	21123	1760	22761	352	31446	1941	43516	2441	62031	7604	83621	11355
中部地区	山西	521	45	1475	338	934	161	1189	295	1421	314	2279	420	3227	603
	吉林	681	33	2501	585	1507	157	2145	451	2319	449	2984	574	3275	719
	黑龙江	1202	34	3106	666	2083	138	2809	326	3622	565	4574	740	5079	1142
	安徽	555	19	1877	301	1419	99	1607	150	2235	272	4346	489	8594	795
	江西	495	20	1557	267	1044	63	1169	105	1536	157	2295	218	2915	386
	河南	1242	42	3823	655	2590	149	3318	306	5242	450	9133	668	11425	1129

续表

		1996		2000		2002		2004		2006		2008		2009	
		授权量	发明	授权量	发明	授权量	发明	授权量	发明	授权量	发明	授权量	发明	授权量	发明
中部地区	湖北	998	48	3486	771	2209	192	3280	744	4734	855	8374	1152	11357	1478
	湖南	1256	40	4117	814	2347	158	3281	436	5608	581	6133	1196	8309	1752
西部地区	广西	646	18	1762	252	1054	46	1272	127	1442	183	2228	204	2702	326
	内蒙古	326	6	1138	234	679	53	831	108	978	108	1328	140	1494	178
	四川	1844	77	4496	759	3403	231	4430	583	7138	676	13369	1086	20132	1596
	贵州	259	11	986	173	615	47	737	179	1337	188	1728	270	2084	322
	云南	602	33	1710	341	1128	83	1264	235	1637	355	2021	383	2923	476
	陕西	968	35	2080	435	1524	146	2007	459	2473	602	4392	962	6087	1342
	甘肃	286	22	798	221	397	71	514	127	832	145	1047	211	1274	227
	宁夏	105	3	341	112	216	22	293	46	290	64	606	48	910	52
	新疆	362	9	1088	179	627	61	792	75	1187	107	1493	82	1866	120

数据来源：根据各年度国家统计局编制《中国工业统计年鉴》相关数据计算得到。

$$spill = FDIP \times div \times spec$$

代入式(5.1)，并对两边取自然对数得到的线性模型形式为

$$Innov = \alpha_0 + \alpha_1 rd + \alpha_2 FDIP + \alpha_3 div + \alpha_4 spe + \varepsilon \quad (5.2)$$

在此模型基础之上，我们根据现有研究创新绩效文献的分析，进一步加入其他影响创新产出的控制变量，如R&D人员投入、基础设施完善度、行业市场化程度、行业开放度等四个解释变量，最终建立如下计量模型：

$$Innov = \alpha_0 + \alpha_1 rd + \alpha_2 human + \alpha_3 FDIP + \alpha_4 div + \alpha_5 spe + \alpha_6 trans + \alpha_7 market + \alpha_8 open + \varepsilon \quad (5.3)$$

其中，$Innov$ 为创新产出，rd 为R&D经费投入，$human$ 为R&D人员投入，$FDIP$ 为FDI进入程度，div 为产业多样化程度，spe 为产业专业化程度，$trans$ 为交通完善度，$market$ 为行业市场化程度，$open$ 为行业开放度。

为进行广义矩(GMM)分析，在式(5.3)的基础上添加时间维度以及动态因素，同时在方程右侧添加创新产出的一阶滞后项，并考虑其他相关因素我们可以得到

$$Innov_{it} = \alpha_0 + \alpha_1 Innov_{i,t-1} + \alpha_2 rd_{it} + \alpha_3 human_{it} + \alpha_4 FDI_{it} + \alpha_5 div_{it} + \alpha_6 spe_{it} + \alpha_7 trans_{it} + \alpha_8 market_{it} + \alpha_9 open_{it} + \mu_i + \eta_t + \varepsilon_{it} \quad (5.4)$$

其中，下标 $i=1,2,3,\cdots,13$ 表示工业各个分行业，$t=1,2,3,\cdots,11$ 表示时期，$Innov_{it}$、rd_{it}、$human_{it}$、FDI_{it}、div_{it}、spe_{it}、$trans_{it}$、$market_{it}$、$open_{it}$ 分别为各变量第 i 行业第 t 期的创新产出、R&D经费投入、R&D人员投入、FDI进入程度、产业多样化程度、产业专业化程度、基础设施完善度、行业市场化程度、行业开放度；u_i 为个体效应，η_t 为时间效应，ε_{it} 为干扰项，$u_i \sim \text{i. i. d}(0,\sigma_u^2)$，$\varepsilon_{it} \sim \text{i. i. d}(0,\sigma_\varepsilon^2)$，$E[u_i \cdot \varepsilon_{it}]=0$。

二、变量说明及数据来源

模型中各个变量的定义如下：

Innov为创新产出指标，最近关于知识外溢的研究开始使用创新绩效，而不是生产率作为因变量。不少研究采用专利申请数量来衡量创新产出，本书采用行业大中型工业企业新产品价值占主营业务收入的比重来表示，笔者认为FDI知识溢出和集聚正外部性可以促进技术创新，用新产品市场接受程度可以更真实反映创新绩效，而且新产品中包括了那些应用于生产过程中的非专利的创新成果，尽管专利是衡量技术进步很好的指标，但很难反映这类技术的经济价值。

rd为R&D经费投入指标，用行业大中型工业企业R&D经费内部支出占全社会固定资产投资总额的比重来表示。在知识生产函数中，创新来源于企业在研发方面的投入，会使企业内部的科学知识存量增加，这会进一步推动集群内部的知识溢出，而且集群内准公共物品的知识存量的增加有助于企业降低研发费用，其产品价格也更具有竞争力。

human为R&D人员投入指标，用行业大中型工业企业R&D人员占从业人

员的比重来表示。FDI 的技术溢出还取决于本地企业的吸收能力，本书用本地企业技术人员数量来反映企业对外部技术的吸收和学习能力，本地企业技术吸收能力的提高最终会缩小技术上的差距，为创新产品商业化提供保障。

FDI 为 FDI 渗透率，用行业外商投资和中国港澳台商投资工业企业占工业总产值比重来表示。创新绩效也受到外资的影响，特别是那些来自发达国家的跨国公司，具有很强的科学和技术能力。因此，在那些外资比重高的产业，本地企业有可能将从 FDI 技术溢出的示范效应和企业学习能力增长中获得更大回报。相反，在那些外资比重低的产业，创新绩效通过 FDI 流入改进的可能性预期更低。

div 为产业多样化程度指标，用赫芬达尔—赫希曼指数（HHI）的倒数来表示，用来反映不同产业之间知识溢出作用，即 Jacobs 外部性。由于城市往往集聚不同产业集群，因而为创新提供了更好机会。

spe 为产业专业化指标，用地区各行业区位商的平均值来表示，用以分析 MAR 外部性的影响。一般来说，技术相似企业数量越多，则企业的创新活动会从中受益，集聚能够带来产业内部知识交流并产生技术外溢效应。

trans 为基础设施完善度指标，用行业固定资产投资中电力、燃气及水的生产和供应业、交通运输、仓储和邮政业、信息传输、计算机服务和软件业的比重来表示。

market 为行业市场化程度指标，用行业私营工业企业总产值比重来表示。企业竞争对手的技术进步会抵消一部分企业自身创新收益，换句话说，当竞争激烈不允许企业获取全部收益的情况，创新的影响有可能不是那么显著，行业开放度较高时，外资进入经常会引起竞争加剧，可以预期 R&D 的经济回报在外资比重高的地区将比较低。反对的观点认为，竞争激烈的国内市场将刺激企业进行生产创新（Porter，1990）。

open 为行业开放度指标，用行业进出口总额与总产值的比值来表示。国际贸易便于技术产生和扩散，参与出口市场会使企业尽力开发新技术，并且提高企业向国外竞争对手学习先进技术的学习能力。通过接触不同先进知识、理念、竞争产品信息和消费者偏好，企业出口产品也可以提高其创新能力。

本书 2000～2010 年我国制造业 13 个分行业的面板数据来源于历年《中国工业经济统计年鉴》《中国科技统计年鉴》和《工业企业科技活动统计资料》。如表 5.5 所示，为了分析 R&D 经费投入和 R&D 人员投入等八个因素对创新绩效影响的行业性差异，我们按照经济合作与发展组织（OECD）1999 年根据 R&D 投入强度对制造业的技术分类，将其分为两大类，低技术产业类（包括低技术产业和中低技术产业）以及高技术产业类（包括中高技术产业和高技术产业），其中，低技术产业类包括食品制造业、纺织业、造纸及纸制品业、石油加工、炼焦及核燃料加工业、黑色金属冶炼及压延加工业、金属制品业；高技术产业类包括化学原料及化学制品制造业、医药制造业、化学纤维制造业、交通运输设备制造业、电气机械及器材

制造业、通信设备、计算机及其他电子设备制造业、仪器仪表及文化、办公机械制造业。在式(5.4)中,被解释变量与干扰项相关

$$E[\Delta Innov_{i,t-1} \cdot \Delta\varepsilon_{it}] \neq 0$$

存在严重的内生性,动态项 OLS 估计量严重上偏,固定效应 OLS 估计量严重下偏,随机效应 GLS 估计量也有偏。此外,其他解释变量也可能存在内生性。为了解决以上的计量问题,本书采用 Blundell 和 Bond 提出的广义矩(GMM)方法对动态面板模型进行估计,计量分析使用 stata10.0 软件。

表 5.5　2010 年制造业 13 个分行业经济变量统计描述

变　量	平均值	中位数	标准差	最大值	最小值
创新产出	0.192563	0.176180	0.099001	0.386559	0.028984
创新经费投入	0.010531	0.010162	0.004627	0.018192	0.001624
创新人员投入	0.036911	0.042059	0.014595	0.055238	0.015296
FDI 渗透率	0.520119	0.509953	0.209830	0.881364	0.151860
产业多样化	9.805173	8.748906	4.073614	16.000000	3.903201
产业专业化	1.312287	1.220678	0.794451	2.780505	0.007918
基础设施完善度	0.173337	0.173337	0	0.173337	0.173337
行业市场化程度	0.556460	0.469758	0.374107	1.382080	0.085369
行业开放度	0.5027944	0.5027944	0	0.5027944	0.5027944

三、实证结果分析

从表 5.6 可以看出,从全国整体来看,FDI 进入程度变量估计系数为 0.051,t 值为 1.88,在 10%水平上统计显著,这说明 FDI 的进入对于制造业创新绩效的提升具有一定的积极促进作用,只不过这种正向作用较弱。RD 变量估计系数为 1.926,且在 10%水平上统计显著,这说明随着我国 R&D 投入的逐步增加,无论是在 R&D 经费投入方面还是在 R&D 人员投入方面,我国内资企业不但在自主技术创新上,而且在承接外资企业技术溢出的能力上有了较大的提升,从分组来看,低技术产业中研发要素投入的创新结果更加明显。制造业多样化变量 div 和专业化变量 spe 的估计系数分别为 0.004 和 0.014,t 值分别为 1.59 和 1.78,这说明产业多样化和产业专业化对创新绩效影响确实存在正向作用,只不过这种正效应非常弱。产业多样化的结论与彭向和蒋传海(2011)的实证结果基本一致,他们指出,产业集聚区内产业的多样性更能激发不同知识主体间的思维碰撞,能带来更多的创新产出。产业专业化的结论与牛玲飞(2008)的实证结果基本相同,她认为同行业企业的接触与交流会产生知识溢出,企业可以利用其掌握的先进技术以及与市场

相关的前沿信息，接着进行更深入地创新。从系数大小来看，集聚专业化的影响要更大一些，也就是说在我国各类专业化产业集群更加有利于创新的提升。

分组对比来看，外资企业对高技术行业创新绩效的影响更加显著，具有比较强的示范效应以及人员流动引起的知识溢出。相对而言，低技术行业的外资对行业创新绩效影响非常有限，因为在这些行业中，内、外资企业在夺取市场和消费者方面的竞争更激烈，技术保护措施也更严格的，从而导致其对行业的技术创新并无明显帮助。制造业产业多样化变量对低技术产业的影响在10%水平上显著为正，对高技术产业为不显著性，从影响程度来看都比较微弱，总的来看低技术行业能从城市化集聚中得到更多收益，原因可能是低技术行业更依赖于较大市场规模。相反产业专业化变量对高技术产业的影响为显著性为正，对低技术产业为不显著性的正向效应，因此，产业集聚结构对创新绩效存在较大的行业性差异，对于低技术产业而言，不同产业的集中有利于获得跨行业知识，且市场规模的扩大保证行业内企业的收入稳定，为企业研发投入提供资金保证，从而促进了创新绩效的提升；对于高技术产业而言，创新更依赖于行业内部缄默知识的传播，所以专业化集聚产生的知识溢出有利于推动行业创新。

表 5.6　FDI 和产业集聚对制造业创新绩效的影响

	自变量	整体	低技术产业	高技术产业
innov(−1)	创新绩效	−0.063 (−0.53)	0.002 (0.01)	−0.072 (−0.58)
rd	R&D 投入	1.926 (1.84) *	3.242 (1.79) *	2.348 (1.10)
human	科技人员	0.505 (2.36) * *	0.262 (0.61)	0.524 (1.91) *
FDI	FDI 渗透率	0.051 (1.88) *	0.011 (0.23)	0.124 (1.85) *
div	产业多样化	0.004 (1.59)	0.001 (1.83) *	−0.0004 (−0.06)
spe	专业化指数	0.014 (1.78) *	0.021 (1.16)	0.013 (1.80) *
trans	基础设施	0.004 (0.02)	−0.761 (−2.35) * *	0.556 (1.62)
market	市场化	0.112 (2.95) * * *	0.019 (0.61)	0.221 (3.16) * * *
open	开放度	−0.122 (−3.39) * * *	−0.005 (−0.11)	−0.164 (−3.46) * * *

续表

	自变量	整体	低技术产业	高技术产业
常数项		0.201 (1.56)	0.250 (1.96)*	0.056 (0.35)
IPS 检验[p 值]		−3.001 [0.001]	−2.992 [0.001]	−3.133 [0.001]
DW 统计量		2.012	1.977	1.969
Wald 统计量		68.23	69.41	62.32
Sargan 检验 p 值		0.3001	0.2901	0.3042

注：括号内为 t 统计值，*、**、***分别表示在 10%、5%和 1%的水平上显著。[ ]内为统计量的概率值。

此外，市场化程度对于行业创新绩效有比较明显的正向效应，特别是对于高技术产业，究其原因市场化程度提高会带来不小的竞争压力，企业一旦开发出符合市场需求的差异化创新产品，甚至会出现“赢家通吃”独占市场的局面，因此，市场壁垒较低的行业创新绩效更明显。开放度变量对行业创新绩效有显著的负向效应，尤其是高技术产业，开放度在本书中主要以进出口比重来衡量，高技术行业的产品大量进口，有可能不利于行业自主技术创新能力的提高，特别是大量的高科技中小企业的成长。

为保证估计结果的有效性，我们对模型进行了四个方面的检验。一是面板残差的平稳性检验。遵循一般常用的 IPS 检验即 In，Pesaran 和 Shin 在 1995 年提出的 Z 统计量进行面板残差的平稳性检验，从检验结果来看，残差是平稳的，由此可以认为动态面板数据平稳，广义矩方法估计有效。二是自相关检验。针对动态面板广义矩(GMM)估计，一个必要前提条件是模型不存在明显的自相关。我们利用杜宾一瓦尔森 d 统计量来检验广义矩(GMM)估计中残差的自相关状态，结果表明，残差没有明显的自相关性。三是 Sargan 检验。Sargan 检验 p 值如表所示，证明工具变量有效，矩条件是成立的。四是 Wald 检验。Wald 统计量大于 0.05，说明统计量落在原假设接受域内，接受原假设，参数约束条件成立，说明模型整体上是有效的。因此估计的结果是可以信赖的。

四、结论及对策建议

本书利用 2000～2010 年制造业分行业动态面板数据，建立动态面板数据模型采用广义矩(GMM)估计方法对 FDI 和产业集聚结构对制造业创新绩效的影响进行了实证分析。我们可以得到以下两个结论：一是从全国整体来看，FDI、产业专业化对创新绩效影响是正向，只不过仅在 10%的水平上统计显著；二是从分组回归结果来看，FDI 和产业专业化对高技术行业创新绩效的影响相对更大，产业多样化对低技术产业创新绩效的影响相对更大。

结合以上对影响我国制造企业创新绩效的实证分析，为了提升制造业行业的创新绩效，本书认为地方政府可以从以下三个方面进行引导和加强：

(1) 实施行业差别化产业集聚战略。高技术行业应该重视专业化产业集聚的发展，建议在产业集聚区建立具有竞争力较强、地域特色以及专业化分工的产业集聚，避免出现产业结构分散、不能形成产业竞争优势的问题的出现。同时，低技术产业应该着重产业的横向联系、多样化发展，力争进一步强化产业之间的知识溢出，塑造多样化的产业环境。

(2) 实施行业差别化 FDI 战略。建议加大对高技术水平行业 FDI 的招商引资的力度，继续吸引资本和技术密集型外商直接投资，力争通过外资进入产生积极的技术示范和人员流动效应，提高外资企业的技术溢出，促进高技术行业产业集群的发展，进一步提升当地高技术行业的竞争力。

(3) 鉴于我国低技术水平行业，特别是劳动密集型产业，具有较好的产业基础，产品已经具有较强的竞争力，外资企业的进入更多是带来竞争效应或者“吞噬效应”，因此，可以提高 FDI 进入低技术水平行业门槛，并在此基础上进一步提升质量。

第三节　外部知识、本地知识多样化类型对地区创新能力影响

通过第二节关于 FDI、产业集聚对技术创新的影响所做的实证研究，可以发现虽然目前在高技术产业中，FDI 和产业集聚确实会带来一定的正向影响作用，但其影响程度还是非常低的，即国内企业的创新主要还是来自于自身的研发投入增加。那么如何创造出合适的外部条件，有效改善国内企业创新能力，在本节中将从不同渠道外部知识，以及本地知识不同类型多样化对地区创新能力影响的角度继续探讨这一问题。

一、问题的提出

现代经济中具有重大影响的创新产品和技术通常是复杂的系统性工程，受到诸多因素影响。和传统的物质资源相比，知识资源更加难以复制和替代，企业作为应用、创造知识的组织，如何获取、整合和创造知识就构成了企业的核心竞争力，企业的创新能力最终也会扩散到整个地区。因此可以认为，不同类型和来源的知识

是决定一个地区创新能力大小的重要因素。中国的自主创新能力从2000年开始表现出跨越式增长，以专利发明申请授权量来衡量创新能力，在2000年授权量为6177件，到2012年增加到217105件，数量大约增长了34倍。从创新资源投入的角度看，国内R&D支出总额在2000年为2050亿元，2012年上升至10240亿元，投入总额大约增加了5倍。但伴随我国企业创新能力整体快速增长的同时，地区间创新差距却越来越大，例如，根据金祥荣和余冬筠(2010)的研究，如果用创新产出率来反映各省单位研发投入获得的创新数量，那么各省创新产出率的差异有持续扩大的趋势。

通常关于地区创新能力的研究认为，本地区知识积累有利于创新活动的发生，知识存量的增加最终会导致全要素生产率(TFP)的提升，带动地区经济增长。内生增长理论将此解释为知识具有公共品特征，知识外溢能够使其他市场参与者获益，所以地区R&D投资活动有利于新知识产生。关于地区知识生产函数的研究认为，新知识的产生最主要是和本地区企业研发活动的密集程度有关，包括本地大学、研究机构的参与在内，很多本地知识产生于研发活动带来的溢出效应(Feldman & Florida，1994)。此外，一些学者指出，新知识产生不仅来自本地企业内部之间的相互作用，还可以来自地区外部输入，通过FDI和相关国际贸易网络得以补充(Castellani，2002)。那么我国不同地区创新能力差距扩大的原因，究竟是受到地区内部的知识生产能力影响，还是和外部技术进入本地区程度有关？这是本书需要研究的第一个问题。关于地区创新能力影响的研究，还有一些学者从本地产业结构、知识互补程度的角度进行了探讨，例如，Jacobs(1969)提出知识积累程度本质上并不能充分解释一些地区优异的创新能力，地区内知识的多样性也是一个因素，不同产业之间是知识溢出的最重要来源，多样化企业的互补性知识结构使知识创造具有规模报酬递增现象，不同产业的企业相互竞争动机较弱，有利于知识互补作用最大限度发挥。此外，Ejermo和Kander(2006)还提出"欧洲知识悖论"，即一些国家从研发投资中得到的收益要远大于其他国家，例如，瑞典、日本这类高研发投资国家，其经济增长比较缓慢，而部分研发投入低的国家却有高经济增长。对于我国不同地区而言，本地研发投入数量和知识多样性之间，哪个因素影响更大？是本书探讨的第二个问题。现有关于知识类型对创新能力的影响，主要是从专业化和多样化的角度进行划分，本书在此基础之上，进一步对知识多样化的问题进行深入探讨，将多样化分为关联知识多样化和非关联知识多样化两类，并实证分析这两类多样化对地区创新能力的影响。

本节的研究目的是理论分析并实证检验外部知识进入、不同类型知识多样性对地区创新能力的影响，并在以下几个方面对现有研究进行了补充。首先，将现有相关研究观点进行综合，在理论上从微观企业知识IPO过程和宏观产业结构角度，解释外部知识和不同类型知识多样性对地区创新的影响，并且实证检验这一关系。其次，进一步区分了关联多样性和非关联多样性，并实证检验这两类多样性对创新能力的具体影响；此外，本节从动态角度检验这些因素如何影响地区创新能力，并利用我国省级面板数据进行实证分析，证明这些是提升创新能力的必要条件，而不是充分条件。

二、理论分析及假设提出

1. 外部知识和本地研发对技术创新的影响

地区创新能力也就是一个地区创造新知识的能力，知识存量丰富的地区能够为企业创新提供更多机会，企业生产更容易获得规模报酬递增的效果。全球化让资本实现了国家间的流动，主要从高生产成本流向低劳动力成本的地方，但鼓励创新的知识基础却无法流动。知识创造与整合过程不仅仅是本地知识源之间相互激发产生出来，有时候也会通过国际贸易和 FDI 这些途径，从外部流入本地区。关于外部知识对技术创新的研究，首先是从国际贸易和 FDI 对本地技术进步、经济增长的作用开始的，然后研究重点逐渐向伴随国际贸易和 FDI 流入产生的技术溢出效应转移，再之后才开始关于技术自主创新方面的讨论。国际贸易最主要的是能够促进出口部门技术进步，由于直接面对国际竞争，出口企业更愿意采用新技术设备，雇佣高质量员工，来提高自身劳动生产率，这些带来的外部经济效应会使资源配置得以优化。Keller(2004)认为国际贸易是外部知识流入本地企业的主要途径之一，那些从事国际贸易的企业能更好地掌握国际消费者的偏好、国外生产技术和工艺，这反过来会有助于企业提高技术创新和生产率，这也符合“干中学”的观点。许培源、高伟生(2010)认为国际贸易是我国技术溢出的主要形式之一，伴随中间品、资本品进口，以此为媒介，国内企业通过对进口商品的模仿研究从而逐步了解该产品的生产技术，而且迫于国内外市场的激烈竞争压力，企业必须充分利用各种渠道获得的技术，并以此为基础研发新的技术来维持、扩大市场份额。

有关 FDI 对技术创新的影响，各国经验早已证明 FDI 产生的技术溢出效应是现代技术扩散最主要的途径，而不是那些正式的国家间技术转让和交换等方式。Blomstorm(2001)认为 FDI 的技术溢出主要是通过企业竞争效应、示范效应和员工在企业间流动等途径产生作用的。Lipsey(2002)说明由于跨国公司强大的技术能力，外资企业一般会比本地企业具有更高的劳动生产率，因此，FDI 产生的技术溢出最终会提高东道国生产率和技术创新能力。但相关的实证研究并没有一致性结论，一些最新研究甚至发现部分地区 FDI 的技术溢出效应并不明显，甚至是负向的。如 Aitken 和 Harrison(1999)提出跨国公司进入会不断挤占本土企业的市场份额，迫使其收缩生产规模，这样会使平均生产成本上升，有可能抵消来自 FDI 技术溢出的正收益。因此就长期而言，无论是迫使国内企业提高生产率，还是彻底将低生产率企业赶出市场，竞争的增强对本地企业生产率有正向影响，但短期内有可能存在负向作用。以上这些研究说明了外部知识作为补充本地技术创新知识来源的重要性，地区拥有越多从事进出口贸易的相关企业，拥有外资机构数量越多，越有利于地区创新能力的提高。

除了通过外部知识来提升本地创新能力外，知识最主要的来源是地区本身，内部的研发水平决定了创新能力的大小。关于知识生产函数的研究表明，新知识创造最根本是企业、大学和研究机构进行的R&D活动投入程度，以及由此产生的溢出效应。本地企业、政府和其他研究机构的研发支出能够使企业内部的技术知识存量增加，这会进一步产生知识溢出效应。知识存量增加反过来也有助于企业发展，促进新产品进入市场、降低市场成本，使新产品价格更加具有竞争力，并且进一步改善公司收益和绩效。研发投资也会间接改善企业的学习能力，根据吸收能力的观点，研发活动提高了企业对外部技术的吸收、理解和学习能力，有利于进一步的商业应用开发，这样最终会改善企业自身对新技术的理解能力，缩小技术上的差距，为双边技术交流拓宽渠道。因此本书提出相关假设：

假设1：地区内部研发投入的程度越高，则地区创新能力越强。

假设2：外部知识进入本地区的程度越高，则地区创新能力越强。

2. 知识多样性对技术创新的影响

现有研究提出，创新不仅来自于地区知识积累程度，本地知识多样性也会起到作用。知识多样性是指不同类型知识、技术诀窍以及不同专业领域专家所具有的差异性知识。丰富差异性知识能够促进地区企业的创新潜力，以及拓宽创新领域，这和熊彼特提出的"重组创新"的观点一致。Duranton 和 Puga (2001)将拥有不同类型知识的地区称为"孵化池"，企业通过不断试验达到最佳创新结果的过程中，能够尝试其他不同类型的方式，在每一次试验后无需承担高昂的转移成本，因此，本地知识多样性可以看做是解释地区创新能力的重要原因。Andretsch 和 Feldman (1996)利用美国企业数据发现，在那些学科基础接近、互补性强的产业中创新活动更容易集中，产业多样化对创新产出有显著影响。国内学者彭向、蒋传海(2011)实证检验发现知识多样性对我国地区创新的影响具有明显的正效应，不同产业互补性对创新的推动作用最大，而区域内同质企业竞争对创新有明显的抑制作用。总体来说，知识多样化增加了知识基础互补的可能性，而不是替代性，因而个别企业的研发活动会溢出到其他产业中的企业，但这种溢出效应不会给自己带来直接的干扰，不会大幅降低企业赢利能力，因此，不同行业企业之间搭便车和限制的动机要弱一些，所以对企业、地区的研发、创新能力有更加显著的积极作用。

从微观企业角度来看，企业内部的研发团队承担着知识整合、创造的工作，创新过程也就是一个研发团队从选择适合知识投入开始，如果团队内部具备知识多样性条件，通过不同类型知识的分享及整合，最终实现知识的重组，形成创新产出这一过程。创新实质就是不同程度和性质的知识重组的过程，如果在保持现有系统性、整合性的知识架构不变的同时，对现有知识实现升级完善，使系统内部组成元件功能发生较小程度的调整补充，这就属于"渐进型创新"，目前我国很多中小企业从事的“微创新”就是这种类型；而如果能在原有系统架构基础上，对局部元件的核心设计作出颠覆式的创新改变，就是“模块型创新”，如模拟信号电视向数字电视的发展就属于此类。但如果彻底改变了原有构架基础，整合发展出新的系统性知识，则根据对原有元件和元件核心理念的改变程度，可以分为“架构型创新”和“激进型创新”，通常激进型创新的程度最高，实现了全新的主导设计和元件设计。所以不同类型的创新实际上都是不同层次的知识整合，知识来源的多样性、整合过程的知识分享协作程度都决定了创新产出。因此，知识多样性虽然还不能作为完善的系统知识看待，还是处于分离状态的知识资源，尤其是具备高度异质性的专业知识在一定程度上反映出地区创新的潜力，有利的知识分享和整合氛围会使这种潜力转化为实际的知识创新成果。通过以上讨论，地区创新能力的提升不但和密集的知识来源有关，而且地区内知识多样性也是必要前提，因此做出以下假设：

假设 3：地区内部知识的多样性程度越高，则地区创新能力越强。

3. 不同知识多样性类型对技术创新的影响

根据以上分析可以预期，地区内部知识多样性对创新能力有更加积极的影响，对于多样性而言，既可以是指拥有的知识存在相互关联，也可以是毫无相干，那么何种类型对创新能力的影响更大？知识关联多样性通常更容易在人们认知接近和地区产业部门分割之间达到平衡，形成部门间知识有效溢出。知识非关联多样性则代表地区具备更多不同类型经济部门，多样性达到的非常高的程度。根据 Frenken (2007)的研究，一个地区拥有相互关联技术的部门数量越多，这些相关部门间发生部门间知识溢出效应越大，存在更多的学习机会，这最终就会提高地区的创新能力。因此，创新活动最活跃的地区是那些直接创造新知识的地区，如果研发投入多，并且不同类型部门联系非常紧密，知识溢出就容易发生。而知识非关联多样性程度高可以说明不同行业部门种类更多，这些能够起到缓解地区遭受外部冲击的作用，不太容易受到某一特定部门风险的集中爆发。本书认为，一个地区拥有更多关联产业，这些产业间发生知识溢出的可能性就越大，可以提升创造新知识的机会，促进地区创新能力发展。因此做出以下假设：

假设 4：关联产业对地区创新能力的影响要大于非关联产业的影响。

三、模型的建立及数据说明

1. 建立计量模型

在以上基本讨论的基础上，本书以地区专利作为衡量地区创新能力的指标，根据地区知识生产函数(RKPF)的分析框架，采用标准的 C—D 生产函数进行实证分析，并将传统企业层面的分析转化为地区层面分析，得到

$$Inno_i = \alpha X_i^{\beta} \tag{5.5}$$

其中 $Inno_i$ 是 i 地区的创新产出，X_i 是 i 地区的创新投入，这些可以被认为是地区

内部知识源。受地区产业间的知识溢出和国际技术扩散理论，以及“出口中学习”思想的启发，我们在式(5.1)的基础上，进一步加入外部知识来源作为创新能力的额外投入，扩展了基本地区知识生产函数，得

$$Inno_i = \alpha NBZS_i^{\beta_1} LQM_i^{\beta_2} RLZB_i^{\beta_3} RKMD_i^{\beta_4} MY_i^{\beta_5} MYXGD_i^{\beta_6} FGL_i^{\beta_7} GL_i^{\beta_8} FDI_i^{\beta_9} \tag{5.6}$$

为进行 GMM 分析，在式(5.6)的基础上增加时间维度和动态因素，最终我们可以得到

$$\begin{aligned} Inno_{it} =& \beta_0 + \beta_1 Inno_{i,t-1} + \beta_2 NBZS_{it} + \beta_3 LQM_{it} + \beta_4 RLZB_{it} + \beta_5 RKMD_{it} + \beta_6 MY_{it} \\ &+ \beta_7 MYXGD_{it} + \beta_8 FGL_{it} + \beta_9 GL_{it} + \beta_{10} FDI_{it} + \mu_i + \eta_t + \varepsilon_{it} \end{aligned} \tag{5.7}$$

其中，下标 $i=1,2,\cdots,31$ 代表省(市、自治区)，$t=1,2,\cdots,11$ 代表时期，$Inno_{it}$、$NBZS_{it}$、LQM_{it}、$RLZB_{it}$、$RKMD_{it}$、MY_{it}、$MYXGD_{it}$、FGL_{it}、GL_{it}、FDI_{it} 分别为第 i 省(市、自治区)第 t 期创新产出、地区内 R&D 投资程度、产业专业化、人力资本存量、人口密度、外贸带来的外部知识流入强度、贸易多样性、内部知识非关联多样性指数、内部知识关联多样性指数、外商直接投资，此外，η_t 为时间效应，u_i 为个体效应，ε_{it} 为随机误差项，其中，$\varepsilon_{it} \sim \text{i. i. d}(0,\sigma_\varepsilon^2)$，$u_i \sim \text{i. i. d}(0,\sigma_u^2)$，$E[u_i \cdot \varepsilon_{it}]=0$。

2. 变量说明及数据来源

(1) 因变量：$Inno_{it}$ 为 i 省(市、自治区)t 时期创新产出指标，用 i 省(市、自治区)t 时期专利授权量来表示。创新产出的衡量通常除了采用专利授权量以外，还可以用新产品数量等指标衡量，专利一般更能反映技术的新颖性、创新性和应用价值。

(2) 自变量：$NBZS_{it}$ 为 i 省(市、自治区)t 时期内部知识强度指标，用 i 省(市、自治区)t 时期 R&D 投资数量来表示。本书采取 FRENKEN 等(2007)的方法测量关联多样性，如果五位数产业部门同属于相同二位数部门，认为它们有一定程度的知识基础、技术和生产工艺，存在技术关联。一个地区拥有的相同二位数部门下的五位数产业部门越多，则关联多样化程度越大。地区内知识非关联多样性 FGL_{it} 和关联多样性 GL_{it} 为内部知识多样性的两个分指标，其中，地区内知识非关联多样性 FGL 采用两位数的熵值来衡量，其计算公式为

$$FGL = \sum_{i=1}^{I} Pg_{rt} \log_2\left(\frac{1}{Pg_{rt}}\right)$$

其中，Pg_{rt} 是地区 r 在 t 时刻二位数 NACE 中的就业比重，i 是地区 r 在 t 时刻二位数部门的最大代码。关联多样性 GL 用二位数产业部门熵值的加权总和来衡量，其计算公式为

$$GL_{rt} = \sum_{g=1}^{G} Pg_{rt} Hg_{rt}$$

其中，

$$Hg_{rt} = \sum_{i \in S_g} \frac{pi_{rt}}{pg_{rt}} \log_2\left(\frac{1}{pi_{rt}/pg_{rt}}\right)$$

其中 pi_{it} 是 i 省(市、自治区)t 时期五位数 NACE 产业部门就业比重，pg_{it} 是 i 省(市、自治区)t 时期两位数就业比重，G 是 i 省(市、自治区)t 时期两位数部门最大值。

MY_{it} 为 i 省(市、自治区)t 时期借助对外贸易带来的外部知识强度指标，用 i 省(市、自治区)t 时期对外贸易进出口总量来表示。$MYXGD_{it}$ 为 i 省(市、自治区)t 时期贸易相关性指标，目的是衡量地区出口和进口关联度，我们采用 Eviews6.0 软件计算的 i 省(市、自治区)t 时期出口和进口的相关系数来表示。$RKMD_{it}$ 为 i 省(市、自治区)t 时期人口密度指标，用 i 省(市、自治区)t 时期每平方公里人口数表示。$RLZB_{it}$ 为 i 省(市、自治区)t 时期人力资本指标，用 i 省(市、自治区)t 时期地区人口中高等院校本科与专科毕业生的比重来表示。LQM_{it} 为 i 省(市、自治区)t 时期产业专业化指标，用 i 省(市、自治区)t 时期制造业专业化的区位熵来表示。FDI_{it} 为 i 省(市、自治区)t 时期外商直接投资指标，用 i 省(市、自治区)t 时期实际使用的外商直接投资来表示。

本书采用的原始数据来源于 2000～2011 年《中国科技统计年鉴》《中国统计年鉴》以及省(市、自治区)统计年鉴，部分数据经相关公式整理计算而成。如表 5.7 所示。在式(5.7)中，因变量与扰动项相关，所以固定效应 OLS 估计量和随机效应 GLS 估计量都有偏。为解决这些问题，本书使用 stata10.0 软件采取 GMM 分析方法对动态面板数据式(5.7)进行估计。

表 5.7　2011 年 31 个省(市、区)经济变量统计描述

变　量	平均值	中位数	标准差	最大值	最小值
创新产出(件)	27868.61	12236.00	45251.24	199814.0	142.0000
内部知识强度(亿元)	280.2262	201.3377	311.9172	1065.511	1.153000
制造业专业化的区位熵	0.848790	0.813047	0.379261	1.673179	0.105916
人力资本	0.0045140	—	—	—	—
人口密度(万人/平方公里)	3.827530	3.726937	1.505383	7.536226	1.495744
外部知识流入强度(万美元)	11747950	3130925	20391646	91346733	92382.00
贸易相关性	0.010268	0.000476	0.026954	0.134414	6.65E−07
内部知识多样性(非关联多样性指数)	2.273111	2.210998	0.654214	4.216950	1.199654
内部知识多样性(关联多样性指数)	3.112762	3.133381	0.210156	3.786868	2.630072
外商直接投资(亿元)	462.2642	302.3332	497.4813	2075.212	4.172385

3. 省(市、自治区)的分组

下面将省(市、自治区)内部知识强度、外部知识流入强度、贸易多样性、内部知识多样性(非关联多样性指数)、内部知识多样性(关联多样性指数)五个变量作为独立维度进行因子分析，使用主成分分析法检验这些指标是否存在共同的部分。

Kaiser 准则建议保留所有特征值大于 1 的因子，相应地，我们提取能解释总方差 80%以上的前两个因子。这些因子采用最大方差正交旋转法来得到因子载荷矩阵的简化结构，使不相关的因素更容易被解释。结果列于表 5.8。

表 5.8 因子分析和聚类分析

因子分析	因子	
	1	2
内部知识变量		
内部知识强度(亿元)	0.99	−0.25
内部知识多样性(非关联多样性指数)	0.98	−0.09
内部知识多样性(关联多样性指数)	0.96	−0.06
外部知识变量		
外部知识流入强度(万美元)	0.09	0.82
贸易相关性	−0.20	0.85

聚类分析

类别	地区数	因素 1		因素 2	
		平均数	标准差	平均数	标准差
A	7	1.62	0.55	0.63	0.69
B	4	−0.42	0.43	0.76	0.48
C	5	1.39	_	−1.53	_
D	15	−0.58	0.55	−1.05	0.43

根据聚类分析，我们确定了四个地区组群。第一类为高内部知识强度和高外部知识强度地区，包括江苏、广东、北京和山东(共 4 个)；第二类为低内部知识强度和高外部知识强度地区，包括上海和浙江(共 2 个)；第三类为高内部知识强度和低外部知识强度地区，包括河南、陕西、安徽、福建、湖南、河北、天津、四川、湖北和辽宁(共 10 个)；第四类为低内部知识强度和低外部知识强度地区，包括海南、青海、宁夏、西藏、贵州、新疆、云南、甘肃、内蒙古、吉林、广西、江西、黑龙江、重庆和山西(共 15 个)。

四、实证结果及数据分析

根据表 5.9 实证结果分析，从全国整体来看，在影响创新能力的因素中，内部知识强度和外部知识流入都起到比较重要的作用，其中表示内部知识创造能力的研发投资的估计系数为 0.365，t 值为 3.40，统计量在 1%水平上显著，这说明研发资金投入对我国创新能力的提升存在积极影响，并且内部知识强度提升 1%，创新产出会增加 0.365%。因此，实证结果支持本书所作出的假设(1)，这个结论跟目前绝大多数的研究结果是一致的，例如，余秀江等(2010)指出研发活动和技术创新之间实际上存在双向因果关系，研发活动是提高技术创新能力的最大动力源。考察外部知识流入对我国技术创新的影响来看，相关几个变量反映出不同结果，由对外贸易带来的外部知识流入的估计系数为 0.322，t 值为 2.29，统计量在 5%水平上显著，表示国际贸易在促进知识流动方面对我国创新产出存在比较显著的正向影响，这个结论与周经、刘厚俊(2010)的实证结果类似，他们发现国际贸易对我国技术创新具有不显著的正效应。贸易相关性的估计系数为 0.196，t 值为 1.90，统计量在 10%水平上显著，即贸易相关性对创新产出存在积极影响，而且进出口产品关联度越高，越有助于技术创新能力的提升。FDI 的估计系数为－0.088，t 值为－2.33，统计量在 10%水平上显著，这说明 FDI 在最近十年中对我国技术创新甚至产生负面影响，随着国内企业技术升级，外资企业和国内企业之间的竞争越发激励，FDI 的技术溢出效应出现逐步减弱的趋势。从以上实证结果来看基本符合本书所作出的假设，其中借助国际贸易带来的外部知识进入对我国技术创新又更重要影响。

表 5.9　外部知识、知识多样性类型对地区创新能力的影响

变量	全国	低内部知识强度和高外部知识强度地区	高内部知识强度和高外部知识强度地区	低内部知识强度和低外部知识强度地区	高内部知识强度和低外部知识强度地区
Inno(－1)	0.656 (3.98)＊＊＊	－0.335 (－0.32)	1.049 (5.85)＊＊＊	0.487 (4.21)＊＊＊	0.610 (4.10)＊＊＊
NBZS	0.365 (3.40)＊＊＊	1.167 (1.69)＊	0.223 (0.69)	0.292 (2.28)＊＊＊	0.664 (3.16)＊＊＊
MY	0.322 (2.29)＊＊	0.213 (1.91)＊	0.535 (1.83)＊	0.095 (0.50)	0.085 (1.84)＊
MYDYX	0.196 (1.90)＊	4.190 (2.41)＊＊	0.052 (0.11)	0.088 (0.68)	0.084 (1.71)＊
RKMD	0.244 (0.85)	3.673 (1.50)	0.245 (0.35)	－0.647 (－1.31)	0.235 (0.54)
RLZB	0.519 (2.58)＊＊＊	1.018 (0.76)	0.502 (1.93)＊	0.251 (0.91)	－0.317 (－0.76)
LQM	0.170 (0.53)	－0.319 (－0.07)	－0.916 (－1.00)	0.176 (0.46)	－0.774 (－1.20)

续表

变量	全国	低内部知识强度和高外部知识强度地区	高内部知识强度和高外部知识强度地区	低内部知识强度和低外部知识强度地区	高内部知识强度和低外部知识强度地区
FGL	−0.119 (−1.39)	−0.160 (−0.22)	0.189 (0.83)	−0.114 (−1.95)*	0.110 (1.81)*
GL	2.683 (2.51)**	2.594 (0.13)	4.284 (1.98)*	4.790 (2.76)***	−0.515 (−0.31)
FDI	−0.088 (−2.33)**	−0.361 (−0.50)	−0.179 (−1.76)*	−0.129 (−2.81)***	0.071 (1.83)*
常数项	7.885 (2.15)	23.800 (0.59)	16.293 (1.54)	2.662 (0.55)	0.155 (0.02)

注：括号内为 t 统计值，*、**、*** 分别表示在 10%、5%和 1%的水平上显著。[ ]内为统计量的概率值。

关于知识多样性对我国创新产出的影响，从我们的实证检验来看，内部知识非关联多样性指数的估计系数为−0.119，t 值为−1.39，这说明非关联多样性对创新产出存在不显著的负向影响。而内部知识关联多样性指数的估计系数为 2.683，t 值为 2.51，说明知识关联多样性对我国技术创新具有比较明显的正向影响。整体上，关联多样性的正向贡献要远远高于非关联多样性带来的微弱负效应，因此，结果符合本书所作出的假设(3)和假设(4)。本书的结论与彭向、蒋传海(2011)的实证研究比较相似，他们发现我国产业多样性更能激发不同类型企业间知识思维的碰撞，能带来更有效的创新产出。此外，内部知识如果具有比较接近的基础，关联性越强则越容易通过正式、非正式的交流实现技术知识扩散；同一部门内部的企业存在相互竞争、相互模仿，也会迫使企业加快创新来赢得市场；关联多样性相对于非关联多样性来说，更能够提高人力资本、物质资本和技术等要素与不同企业配对的机会，进而促进技术创新能力的提升。

为验证前文提出的假设，我们分析分组回归结果，从分组结果可以看出，其中三组中内部知识强度对地区创新能力都有比较显著的正向影响，尤其对于研发资金投入较低或是缺乏足够外部知识来源的地区，R&D 形成的内部知识是促进地区创新能力提升的最主要动力，这也说明假设 1 成立。比较不同地区外部知识强度指标的估计系数，我们发现外部知识流入强度更高的地区估计系数相对较大，且表现为积极的促进作用，这说明那些拥有更多从事国际贸易企业的地区，其创新能力提升对获取外部知识有很强的依赖性，相对而言 FDI 的作用要弱得多，甚至表现为负作用。究其原因，外部知识流入较多，说明地区开放度往往较高，因此，企业生产更依赖于海外市场，国际竞争压力迫使企业开始放弃传统的通过降低成本占领市场的战略，开始转向差异化、创新型产品生产，这就要求企业必须保持不断的技术拓展，而如果本地企业也具有较强的研发能力，则创新绩效就会有显著的提升。从比较不同组别本地知识多样性类型的影响来看，关联多样性指数的估计系数明显大于非关联多样性估计系数，因此，可以说明地区产业如果相互之间比较接近，则相通的知识更容易提供知识溢出渠道，溢出效应越大，能提供更多的相互间学习机会，这最终就会激发企业创新活力。

五、结论及对策建议

本节实证检验了外部知识进入、不同类型知识多样性对地区创新能力的影响程度，并得出以下三点结论：第一，我国技术创新产出主要来源于国内研发资金投入，内部知识强度每提高1%，创新产出会增加0.365%。从外部技术知识中，作用最显著的渠道是国际贸易，存在比较显著的正向影响，而FDI的更多表现出抑制作用，阻碍本地创新产出的增加。第二，知识多样性从整体而言对创新产出有促进作用，地区产业多样性增加有利于创新成果出现。第三，不同类型知识多样性对我国创新产出的影响有很大差异，其中，非关联多样性对创新产出存在不显著的负向影响，而关联多样性具有比较明显的正向影响。

众所周知，我国面临越来越严重的资源枯竭、环境污染和经济增长速度减缓的问题，技术创新成为全社会各个行业迫在眉睫的难题。然而技术创新必须具备合适的先决条件，地区内部研发资金投入、提高员工教育素质、地区内部不同产业之间的相互碰撞和外部技术知识源源不断地进入，这些都会加快国内企业技术创新的步伐，根据本书实证分析的假设和实证分析结论，为了更加有效提高地区创新能力，加快经济增长，本书提出以下几点建议。

1. 继续提高地区、企业研发资金投入，制度上为企业自主创新能力提升创造有利环境

内部知识生产是提高创新能力最主要的方式，由于创新具有正外部效应，各级政府部门要将继续扩大研发经费，尤其要为那些开展激进式创新的企业给予必要的资金扶持。要大力推进风险投资体系的发展，满足创新企业融资需求，在风险投资制度、金融支持方面有所突破。在创新环境培育方面，地方政府最重要的是提供完善的知识产权保护，这样才能扩大企业研发投资回报，提高企业技术创新而不是简单模仿的动力。此外，要强化政府部门、大专院校、公共研究机构参与基础研究的机制，培养服务创新的文化氛围，为企业自主创新营造有利的外部环境。

2. 拓宽外部知识投入的渠道，提高内外资企业间技术溢出的效率

形成立体化的创新链条，首先要拓宽外部知识多元化进入渠道，目前对外贸易仍然是技术流入主要渠道之一，要继续争取从国外引进技术创新需要的商品、中间投入品和技术转让，通过“干中学”、“用中学”来获取世界前沿的新技术、新产品的信息，扩展国内技术人员的视野。还应该重点推动外资企业和本地企业间的合作，大型国有企业是我国最有实力的创新主体，要为高技术人员从外资企业向国内企业流动提供便利，降低人员进入国有企业门槛，提高外资企业的技术溢出水平。

3. 地区应当提升内部知识的关联多样性，在产业培育和引进方面有所选择

地区产业多样化相对于产业专业化来说，有助于提供经济稳定性，克服外部产业风险的爆发，而且行业间的知识溢出也有利于技术创新，增强企业市场竞争力，防止本地经济被“锁定”于特定产业。根据本书的分析，关联产业多样化对地区创新能力有更明显作用，因此对地方政来说，在本地产业体系培育和产业引发方面应当有所选择。要围绕本地区支柱产业、优势产业，重点培育一批与此相关联产业的协同发展，形成合理的产业协作体系，通过相互间互补知识交流，提高产业间技术溢出效率，促进技术创新。在产业引进和产业承接方面，地区需要明智的选择，将吸引关联配套性产业进入本地区作为主要政策目标。有研究认为产业进入和发展是企业自我选择的过程，有路径依赖的性质，政府针对性政策很难奏效。这就要求地方政府具有长远目光，主动分析发现一些潜在产业，尤其对于那些还没有进入本地区的产业，前瞻性地清除一些可能会阻碍潜在产业进入的障碍，促进相关联产业多样性的形成，将提高研发投入强度和多样性作为相互补充的外部条件，共同提升本地区的创新能力。

第四节　产业集群如何向创新集群转变

通过第三节关于外部知识、本地知识多样化类型对地区技术创新的影响所做的实证研究，可以发现，目前外部知识中国际贸易是技术进入的最主要渠道，而FDI的技术溢出通道出现堵塞现象，影响了FDI的技术溢出扩散到本地企业。国内企业的创新主要还是来自于自身的研发投入增加，本地产业多样性从整体而言是有助于创新能力提高，尤其是关联多样性对推动地区创新能力有明显作用。那么如何提高FDI技术溢出和产业集聚的外部经济对技术创新的影响程度，在本节中将从地区创新体系建设，以及目前我国具有的创新优势、劣势的角度继续探讨这一问题。

一、地区创新系统的基本要素

创新在地理空间上的集中被许多学者关注，为什么有些地区相对于其他地区更具有创新能力？通常认为这与地区所具有的特定资源禀赋有关。早期学者如熊彼特(1939)就提出技术创新能够刺激经济增长周期，政府应当资助或以其他方式鼓励创新来带动经济增长。此后，学者不断发展本地化技术扩散的理论，这也成为集群理论的重要基础。Freeman (1982) 关注创新对增长的作用，以及影响系统创新因素的研究，并提出了国家创新体系概念，用来解释公共政策和制度如何能够系统性地将本地资源整合进入本地化集群。国家创新体系的概念将不同理论进行综合，例如，内生增长理论认为，创新理念是内生推动的经济增长的动力来源，一国人力资本、R&D 基础能力构成了创新的基本因素，良好的制度条件、配套基础设备均有利于研究人员产生发明创造新技术，或是对现有技术进行改进。不断增加的新创意理念不会减少现有知识储备，相反会增进知识存量，有利于其他主体的创新，具有规模报酬递增现象。此后，波特(1990)扩展了增长理论，他提出通过发展产业集群来获得地区国家竞争优势，他认为，个人、企业、机构在特定地区的集中会加快协作和相互模仿，从而有利于企业获得创新来源。最后，国家创新体系的理论从制度层面研究政府政策和制度在激励、促进创新中的作用，更好的理解创新的动态变化会使政策制定者、企业规划者和企业家能更好地分析区位决策和预期变化。

Cooke(1992)提出地区创新体系的概念，他认为一个地区特定的社会经济环境会对本地企业的创新活动产生很大影响。例如，地区特定的经济资源禀赋、人力资本、现有的制度框架、本地政府行为以及社会经济网络中的各因素之间的互动作用，也会起到重要所用。此外 Feldman 和 Florida(1994)进一步定义了"地区技术基础"概念，将影响地区创新绩效的因素归结为几个不同方面因素，包括地区产业集聚状况、大学 R&D、产业 R&D、商业服务企业，此外还包括了一系列控制变量，如地区人口，地理集中程度指数等。此外，还有一些学者如 Camagni(1991)提出其他一些无法量化的地区特征也会发挥作用，例如，创新氛围是建立在共享相同文化的理念基础之上的，是社会经济的一种方式，只有与生产体系保持一致，文化以及其他一些重要的环境要素才能对本地企业创新能力产生影响。另外，本地的社会网络也被认为对创新有重要作用，因此，区域创新网络可以被定义为：一个地区生产结构内，那些有利于创新产生的相关制度基础。大学、科研机构和为技术提高资金支持的组织，以及其他一些团体，将构成制度基础的一部分，同时企业在生产结构中仍处于主导地位。

本书根据学者们的研究结论，将区域创新体系结构用图 5.1 表示。产业集群仍然处于地区创新体系的核心部分，是创新产生的基础。在此基础上，地方政府、大学公共研究机构、专业化供应商、生产性服务供应商和商业协会为本地产业集群提供必要的协同生产体系，充分发挥产业集群的效率。而在所有主体之间，除了有显性的相互关联关系以外，创新绩效还与体系内部主体间非正式关联的密切程度有关，而这种非正式关系的建立和地区文化、价值观、企业家精神息息相关，因此，文化氛围是润滑剂，是协调所有主体积极进取的前提。

总的来说，对于中国这样的大国，不同地区自然资源、教育文化、企业能力、地方开放度均有不小的差别。而不同地区所提供的公共品，如基础设施、研究机构也是建立在特定的区域，且影响随着地理距离增加而减少的。因而考虑不同地区的

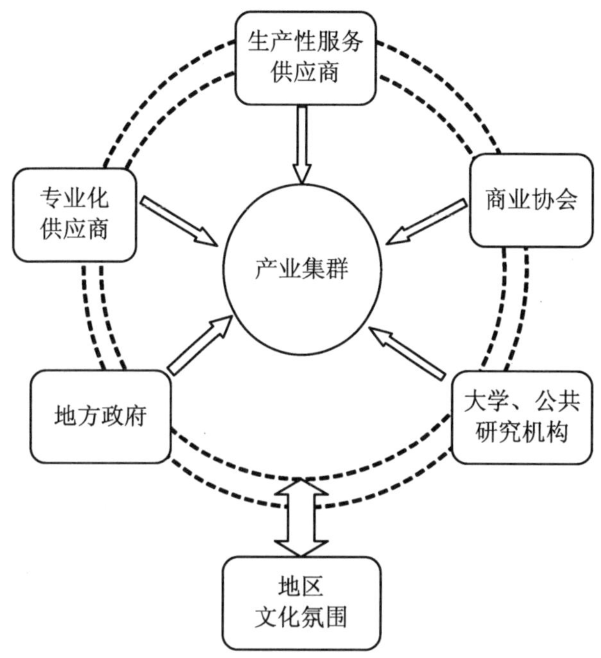

图 5.1　区域创新体系示意图

创新体系更有意义。一份由美国竞争力委员会作出的关于区域创新集群发展报告曾这样总结："失败的地区很少是由于缺乏人才或是基础设施，相反，失败的原因是无法从地区的角度思考、规划和行动。"不同地区的创新能力是和本地区资源禀赋能力密不可分的，企业所处的制度环境会限制或是鼓励创新出现。因而考虑地区创新系统更加行之有效，通过将本地区的自然禀赋、各类生产要素、教育、基础设施、政策和机构、企业之间的网络体系和本地文化这些综合起来考察更能说明地区创新能力的异同。归结起来影响地区创新能力的因素依赖于一些有形要素，如专业化产业集群、可获得的外部技术和资金支持。此外，还包括无形要素，如集群内部各个主体之间联系网络，支持创新的文化，大学、公共研究机构和企业之间的协作等。

二、我国产业集群向创新集群转型的优势

从图 5.1 的地区创新体系构成来看，地区产业集群仍然是创新的核心环节，目前各地区在鼓励产业集群建设方面都有很多配套政策出台。例如在基础配套设施建设方面都有巨大投入，特别是和交通、通讯、出口有关的部分。从 1990 开始，中国在基础设施投资占 GDP 的比重在 2%～4%之间波动，而同期发达国家所占比重平均为 7%左右，印度不到 0.5%（Li，2007）。特别是为克服 2008 年经济危机，我国政府实施了 4 万亿的扩张财政政策，其中大部分的支出是与基础设施有关，例

如铁路、公路建设、电网改造、生态工程、节能减排等。这些均有效地降低了企业的经营成本，改善经营绩效，吸引跨国公司，扩大企业生产能力，进一步改善竞争力。

创新离不开各种类型的人才，我国教育规模正在不断扩大，尤其是大学阶段教育。例如根据统计数据，在 2001～2011 年间，我国普通高等学校毕业生人数增加了 487%，研究生毕业生人数增长了 239%，而在印度同期仅仅增加了 9%，其中，研究生所占比重不断上升，反映了教育向高等级、专业化方向的发展。如表 5.10 所示。

表 5.10　中国高等教育发展情况

单位:万人

年　份	2001	2002	2003	2004	2005	2006	2007	2008	2009	2010	2011
普通高等学校毕业生人数	103	133	187	239	306	377	447	511	531	575	608
研究生毕业生人数	16	20	27	32	36	39	41	44	51	54	56

资料来源:《2012 年中国统计年鉴》。

另外，从各类研究资金投入的角度来看，近些年政府和企业同样开始大力投资于研究，提高了国内基础研究水平。例如，2011 年我国规模以上工业企业的 R&D 经费支出接近 6000 亿元，而 2009 年的经费支出为 3775 亿元，两年的增幅达到惊人的 58%；政府部门在 2011 年 R&D 经费支出为 8687 亿元，2009 年为 5800 亿元，两年的增幅为 50%。可以看出，政府和企业已经开始注重以创新来带动竞争力提升，因此，在研发支出方面都有非常大的增加，当然从相对量来看，2011 年 R&D 经费支出占 GDP 的比重为 1.84%，和发达国家相比还有较大差距。此外，在 R&D 的方向来看，我国近期将新兴产业领域作为重要研究领域，如纳米技术、电动汽车、生物技术、节能环保等领域开展了大量基础性研究工作，逐步参与全球竞争。例如，在 2010 年，北京基因组研究所购买了 128 套基因检测设备，成为世界上最大的基因组研究机构之一，在此领域研究已经达到世界领先水平。尽管目前在基础研究方面还没有出现重大商业性突破，但大量投资会改善国家知识储备以及 R&D 能力。

从产业环境来看，我国有向创新竞争转化的天然产业链优势。在一个地区价值链生产的上下游企业之间，如果能够实现相互间有效沟通协作，将有助于先进技术信息和消费者需求信息在产业链间的传递。我国拥有门类齐全的不同制造业行业，这将有助于长期研发、设计能力提高。例如，Erik Walenza-Slabe(2012)研究了风能和太阳能行业，在这些行业中中国具有主导供应链的生产优势。行业采购指南中列出太阳能产业的 101 种产品，风能 85 种产品，所有这些都是在中国生产。其他国家很难拥有能生产如此大范围的各种类型产品的能力。完备的专业化集群为企业的学习提供机会，因为绝大部分环节在国内完成，研发设计人员与具体生产的企业技术工程师之间不存在沟通障碍，设计和制造环节的有效沟通有利于弄清楚降低生产成本或改进新产品质量的最优方法，这特别有助于我国企业利用制造业大国的地位，提升价值链生产地位，成功向产品设计、开发等环节发展。因此，中国制造业种类范围的深度，是未来创新能力竞争力来源之一。

三、目前地区产业集群在创新能力方面的缺陷

现在很多学者对我国产业集群发展中的问题进行了探索，例如，长三角产业集群同构现象非常严重，大多仍然以降低成本为集聚基础，创新能力不强，同类企业恶性竞争现象普遍。对于 FDI 和本地企业的融合来说，还存在这些外资企业本地根植性不强，集群技术扩散效应薄弱，社会服务体系不健全等诸多问题。

目前一部分国内著名企业开始致力于开发国际市场，来回避国内产品之间激烈的价格竞争，这就需要与跨国公司在同一水平上竞争，从而产生改进产品、工艺的愿望，开始进行创新战略。例如华为公司，根据其公司资料介绍，在 2011 年拥有研究开发人员有 62000 多名，并在德国、瑞典、英国、法国、意大利、俄罗斯、印度及中国等地设立了 23 个研究所，还与领先运营商成立 34 个联合创新中心。2011 年华为累计申请中国专利 36344 件，外国专利 10978 件。共获得专利授权 23522 件，其中 90%以上为发明型专利。尽管类似华为、联想这类知名企业已经在向创新战略转移，但对于绝大多数国内企业而言，技术模仿甚于创新，严重缺乏创新战略的规划、组织设施能力与动机。很多二线企业从事的研发主要是对国外技术和产品的逆向工程，或者通过购买先进技术进行吸收利用，并在此基础在外观设计性、性能和工艺进行改进。而一般企业仅仅是简单的复制，缺乏结合自身情况的改进。而作为占据资源和政策双重优势的大量国有企业，由于有能力制造进入壁垒，得以获得有保障的垄断利润，所以其创新动力非常缺乏。很多国有企业大而不强，缺乏专业化创新管理，往往简单寻求直接购买国外技术或生产线，来提高技术能力，或是通过设备更新来实现所谓的产品升级，缺乏利用本企业内部的智力资源和资金资源能力。

根据 Bryan Miao(2011)研究，大部分中国企业不愿意进入基于创新的竞争，是和企业长期竞争策略、政府政策导向、竞争环境过度恶劣有关的。如表 5.11 所示，我国在 R&D 的支出构成中，试验发展方面研发支出占 85%以上，而应用研究和基础性研究不足 15%。相反，发达国家通常将大部分 R&D 支出用于基础性和应用性研究，因为这种类型研究的周期更长，风险更大，但是可能会产生革命性创新，从而导致新产品种类、新产业的诞生。从政府和企业研发比重分配来看，政府支出基本上不足企业支出的三分之一，企业研发投入占主导地位。对于企业来说，还没有能力去承担很大的风险，去从事重大技术创新产品的开发，利用现有技术来

继续在日益扩大的国内市场稳步发展将成为一种占优策略。因而对大部分国内企业来说，对现有技术的改进来改善产品功能，而不是投资于新一代产品开发，更有成本方面的效益。因此，中国长期研发支出结构不均衡是导致企业依靠渐近的产品改进，而不是进行根本性创新的直接原因。

表 5.11　中国 R&D 支出数量和结构

单位：亿元

指　　标	2007	2008	2009	2010	2011
总 R&D 经费支出	3710.24	4616	5802.11	7062.577	8687
基础研究	174.52	220.82	270.29	324.49	411.8
应用研究	492.94	575.16	730.79	893.78	1028.4
试验发展	3042.78	3820.04	4801.03	5844.29	7246.8
政府资金	913.5	1088.9	1358.3	1696.29	1882.96
企业资金	2611	3311.5	4162.7	5063.14	6420.64

资料来源：《2012 中国统计年鉴》。

创新型企业家、技术人员、管理组织人才的缺乏，也是导致国内企业创新能力不足的原因之一。日本科学技术委员会将技术专家定义为"能够抽象思维和解决高层次问题"。因此，技术专家之所以能够进行创新，是因为他们具备综合应用技术，处理现实中的复杂问题的超强能力。目前我国缺乏这类人才，可以通过企业高管们的高额工资可以看出。例如，2011 年中国上市公司高管平均年薪酬超 60 万人民币，折合美元约为 9.53 万美元；而根据美国劳工部数据统计，2011 年美国企业 33 类经理人的平均年薪为 10.74 万美元，中美两国的高级管理人员在薪酬上相差在 10%以内。而 2011 年，通过汇率折算，美国制造业工人平均年薪超过 42000 美元，而中国制造业工人年薪还不到 6500 美元，仅是前者的 15%左右。从工资对比可以看出，中国企业高级人员的工资是一般员工的 15 倍左右，而美国的差距 2.5 倍，工资差距反映了高端人才的匮乏，一般技术人员数量和质量并不算少。这些高端技术专家、管理专家的缺乏也制约了企业能力的改进，创新型企业如果缺乏能够精确把握市场技术和趋势，制定长期发展规划的领导精英，则对企业是致命的。

四、产业集群向创新集群转变的途径

1. 地区创新体系的营造

正如第一章对创新的定义，创新通常来说是一种特定的知识共享，是一种社会过程，经过软、硬制度作用影响，如文化、习惯以及法律和规章。大多数制度具有很强的地区特征，特别是那些软制度。同样的产业，在同样国家制度框架内，由于地区性制度体系不同，可能在地区层面会表现出很大差异。一个地区的制度基础被定义为不同要素的综合，包括高效的基础设施、频繁的相互交流、一致的集体文化、共同的价值观，这些形成地区的社会标志。雄厚的地区创新体系具有明显的作用，例如，不少地区存在这样的现象，特别是在那些城市化程度低的地区，也会吸引不少外资企业进入，但其创新能力非常有限，主要从事制造加工之类的工作。由于当地缺乏各类支持性机构，只能产生低水平产业集聚。而制度基础雄厚的地区通常位于大城市，这类地区企业能从密集的支持网络中获益，地区内频繁的相互交流，产生更高水平创新产出。因此，目前在改进地区创新能力方面，不能只考虑如果通过完善的硬件设施吸引外资进入，通过财政激励来创建产业集群，而应当将创新体系作为一项系统性工程来建设，关注那些具有重大意义的协同配套设施、机构的作用，以下归纳了几点和地区创新体系有关的因素。

(1) 创新企业内部的管理机制

创新过程中最重要的要素是来自于团队、个人的创造性思维，专业化的研发人员是创新实体，他们搜寻重新组合现有的知识来生产新产品。在那些创新活跃的地区，具有鼓励、支持、便于从事创新活动的环境。企业内部结构应该有利于推动创新，加强专业人员的职责划分，淡化行政等级制度。目前中国企业高级管理者和一线专业人员在决策权利、研究资金分配等方面非常悬殊，企业内部僵硬的等级制度不利于创新能力发挥。我国要向价值链生产的研发、设计、创新环节转移，至少在企业内部管理机制方面要做出改变，允许专业人员拥有更多决策权利。此外，在创新激励机制和不同研究团队的水平协作方面，要能够有沟通的渠道，创造相互协作的氛围。

(2) 加强企业和大学的协作

大专院校一方面培养出合格的毕业生，而且还要担当科研机构以及合作伙伴的职能，此外，还提供咨询和实验设备等，从这一点来说，大学在创新过程中扮演重要角色。现有的研究强调来自大学的技术溢出，例如，企业学校合作研究、科研论文、实习、人员流动都是可能的途径，对本地区企业有重要帮助。但实际上大学在地区创新系统建设方面起到的作用要大得多，很多国家知名的产业集群都是围绕著名大学建立起来的，例如，美国硅谷的出现就直接和斯坦福大学有关，是在1951年成立的斯坦福科技园基础上发展形成的。大学是地区主要人力资源供给者，大学校友这一关系是创建地区非正式关系网络的主要途径，通过举办各类活动为企业之间提供信息交流的平台。

(3) 创办公共研究机构

前文以及谈到重大的科技创新是离不开基础研究领域的新发现，而基础研究领域因为研究周期长，风险大，而直接商业化用途有限，导致私人企业不愿过多承担。因此，地方政府作为公共产品提供者，需要在资源配置方面向基础研究方向倾斜。此外，不少公共研究机构本身也会产生很多专利，可以与本地企业进行科研合作，将会产生大范围的溢出效应。另一方面是大量新创办的企业，由于初期拥有的资源有限，如果他们可以共享公共科研机构的实验室，得到专业研究人员的技术指导，或者作为合作伙伴，都会有利于本地创新能力提高。

(4) 融资机制

企业的资金是有限的，研发支出必然受到限制，因此，外部资金支持对于R&D项目十分重要。对于中小企业来说，外部资金的投入尤其必要，缺乏资金支持是发展的最大约束。在我国政府部门和银行的很多优惠政策主要以能带来短期效益的大企业为目标，通常不愿意为中小企业提供资源和政策方面优惠政策。银行信贷手续繁琐门槛过高，中小企业上市融资困难，缺乏专业风险投资机构，这些使得资金仍然是稀缺资源，导致大量中小企业依靠朋友、家庭成员的借款，这些都不利于创新体系建设。

2. 集群发展中创新网络体系的营造

所谓网络体系是指机构、组织间在相互联系、作用过程中所形成的社会网络关系。产业集群和地区网络体系是不同的，一般认为产业集群内部资源是开放的，任何进入集群的个体和组织均能共享。相反，地区网络是借助集群内部、集群内外利益相关者之间正式和非正式的关系构成的(OECD，2004)。集群是将具有高度竞争的企业、机构、基础设施、生产要素集中在一起，而网络是交流的方法、工具，网络的易于接近度，便利度和信任度将影响集群内企业的竞争力。如果集群内的网络关系非常薄弱，那么集群比起单个企业并不会强多少。强大的网络体系使得集群内企业和企业家将资源作用可以成倍放大。

集群内部正式和非正式网络的发展为地区创新网络体系构建提供了最基本的前提条件，因为产业集群通常具备一些竞争优势，同类或不同类型企业以及相关主体的地理接近便于地区网络体系形成，这样会加速知识转移。反过来，企业之间会通过模仿改进而形成差异化产品生产，因此，竞争对手通过彼此之间模仿和相互学习，实现技术扩散。尽管绝大部分有所有权优势的企业会反对模仿，但是从整体而言竞争企业的集中更有竞争力，即使一些传统产业集群也是如此。相互接近也成为供应商、消费者和其他参与主体之间的合作带来更多机会。合作导致了技术改进和知识转移。最后，集群能够吸引那些最优秀的技术精英，渴望参与各自行业中心的网络。集聚的成本包括高度本地企业间的竞争，人员流动更加频繁。

营造有利的地区网络系统，地方政府一方面需要关注机构组织间的正式网络关系建设，创新是一项系统性工程，单一主体很难胜任，需要以产业为中心的协作，这就涉及由企业、政府和大学研究机构和行业协会组成的网络体系，不同主体相互间的协同创新。例如，供应商—消费者之间的密切关系有助于知识转移。如果买方是大型企业，他们能够在组织规划、质量技术方面对供应商提出改进措施，或者可以对外包项目提供技术指导。特别是在那些新兴产业，具有创新能力的中小企业会为那些资金充足的买家提供突破性的技术和商业创新产品。此外，各类R&D团队之间的接触受到地理空间约束，大量的产业内部协作经常会集中于本地区，即使合作者或许会成为竞争对手，但是对大量中小企业来说，合作从成本—收益角度分析仍然是利大于弊，集群外的孤立企业，或是集群内，但是缺乏网络关联的企业在创新方面要差很多。

目前不少地方政府已经意识到组织间的正式网络关系建设，并且采取各类措施来强化，但往往容易忽略非正式网络关系的建设，专业技术、管理人员之间的非正式网络在将产业集群转变为创新集群中发挥关键作用。非正式的社会关系是更加具有活力的，因为相对于企业和机构间的关系，专业人员间的个人关系更持久，不随工作变化而改变，更加利于挖掘工作范围之外的思想火花。非正式关系的形成是长期的，和本地文化、社会规范、人们间的交流方式息息相关。Saxenian(1994)很早就观察到美国传统经济发达地区，如纽约、波士顿，尽管具有经济先发优势，但在创新方面和硅谷地区竞争并没有优势。他认为，美国传统发达地区无法维持其领先地位，这主要和这些地区传统文化氛围有关。传统地区的企业家更偏好稳定的等级制度，技术、设计人员很少在社交生活中进行非正式联系。技术人员偏爱传统的社交方式，如聚餐、下班后在办公室等，而硅谷的技术人员相反经常在酒吧、咖啡馆这些地方相互交流信息、想法，包括竞争对手之间。而且硅谷地区文化在接受挫折更宽容，淡化专业领域的等级观念，分散扩展交流的途径，鼓励参与非正式的社交网络。这种文化已经出现并成为关键、独特的成功创新要素。在非正式网络关系的形成方面，中国传统的社会文化特征其阻碍作用是显而易见的，例如，技术人员相互间更倾向于保密，机构组织间缺乏合作，这些对创新环境都有负面影响，阻碍了形成类似硅谷地区那样的网络关系。而国内企业和外资企业之间的网络关系十分关键，国内企业通过获得外资企业的技术和经营管理方式而获益；而外资企业通过提高进入本地市场能力和减少政策风险而获益。地区网络配套服务体系如果能提供协作环境，将更加有利于外资企业的技术扩散，这能使地区产业集群获得长期的竞争性优势。

对于进入产业集群的外资企业来说，因为他们缺乏本地网络关系的积累，更需要借助协调人来获得相关信息。目前能够充当协调人这一角色的主体只能是地方政府机构，因为产业集群主要是由地方政府推动建立的。行政部门具有获得相关信息，处理相关事务的资源和能力。政府部门在协调集群内部关系网络中，如何公平对待不同类型主体，如外资企业和内资企业，民营企业和国有企业，大型企业和中小型企业，对于网络关系的建设非常重要。因此，对于政府部门不能仅仅强调简单的税收补贴政策来激励企业进入科技园区，而且要减少行政官僚作风，改善协调网络关系，努力做到公正、公平。

以上本书研究了FDI、产业集聚对技术创新的影响。首先通过大量统计数据说明了我国FDI、集聚和创新之间的存在一定的相关关系，然后利用广义矩的方法实证检验了三者之间的动态关联，结果发现不同行业中，FDI和产业集聚对创新影响是不一致的，对于我国目前在重点鼓励发展的高技术产业来说，专业化集聚和外资进入都有一定程度的正向效应，起到了促进作用，但从作用大小来看是非常有限的。此后，本书又分析了不同类型外部知识进入的影响，结果发现国际贸易仍然对我国地区创新能力有明显促进作用，而 FDI 则相对要差很多，FDI 技术溢出的渠道有可能受阻。从本地知识多样化类型来看，关联多样性相对于非关联多样性对地区创新能力的影响更加明显。因此在第四节，本书继续讨论了如何将产业集群向创新集群转变的方法，因为现代创新是一项系统性工程，因此对各地区来说，要从各自具有的资源能力禀赋的角度来创建适应自身的地区创新系统。产业集群作为创新体系最重要的组成部分要继续重点推动以外，还要完善其他配套体系建设，将地方政府政策、大学公共研究机构、专业化供应商、生产性服务供应商和商业协会有机地结合起来，为本地产业集群提供必要的协同生产体系，充分发挥产业集群的效率。

对我国来说，具有这么多年承接国际制造业转移的经验，已经具备向产业链高端扩展的基础，相对其他国家具有完整的多价值链生产，国家在研发方面的高投入，专业人才的大量培养，海外留学人员回国意愿增加，这些条件都有利于向创新型国家的转型。当然目前还存在不少障碍，例如，基础研究领域落后、创新激励制度不足、知识产权缺乏保护等等，都起到阻碍创新的作用，因此，在创新体系建设和创新制度的改革方面仍然需要继续努力。

第六章　结论与研究展望

第一节　主要结论

为了探寻FDI流入、制造业产业集聚和技术创新之间的理论关系，研究近些年以来，FDI流入对我国国内企业技术溢出的影响程度，FDI和产业集聚对技术创新的影响程度，本书采用了理论分析与实证分析相结合、计量分析与制度分析相结合，并综合运用新经济地理理论、发展经济学、新制度经济学、计量经济学和统计学等多个学科知识来进行分析。本书得到的主要结论有：

(1) 从新经济地理增长理论的角度，原来对产业集聚的结果认为，会使核心地区受益，而外围地区受损，所以外围地区政府会有实施保护性政策倾向。然而如果存在内生增长和知识本地化溢出，产业集聚尽管会带来地区不平衡的出现，但也会带来更快速的经济增长，也就是实现经济起飞，对外围地区的福利长期是有利的。而地区之间经济融合，除了通常的资本和劳动力的跨地区流动以外，还表现在创意知识和专利之类跨地区流动，也就是知识溢出效应，这些都有助于外围地区经济的起飞和良性循环产生。

(2) FDI促进本地产业集聚形成的作用机制，本书将其归结为声誉效应、自我强化效应和技术溢出效应。这些作用的发挥会不断吸引本地企业进入，最终形成产业集聚现象。但是要建立那种具有内生性、自组织形式的发展模式，则需要地方政府在外资企业的选择、集群内部信息流动、完善集群网络关系这些方面制定合适的政策，以强化外资企业的根植性。

(3) 通过对FDI技术溢出的实证分析，本书发现，FDI整体而言对我国内资企业的增长效应为负向，技术溢出的作用机制是阻塞的。从类型细分来看，制造业FDI对国内企业起到较大的负效应，并且扩散于整个经济；而服务业FDI促进了制造业的增长，存在部门间的溢出效应。这说明目前制造业外资企业进入更多带来的是激励的竞争，削弱了国内企业可用于研发的支出，降低创新能力。而目前我国专业化生产服务业的发展不足，此类型FDI进入有比较明显的溢出效应。因此，各地区在引入外资时，应当根据地区具体情况选择外资企业类型。

（4）通过对FDI和产业集聚结构对制造业创新绩效的实证分析，本书发现从全国整体来看，FDI、产业专业化对创新绩效影响是存在比较弱的正向作用，从按行业技术能力分组来看，FDI和产业专业化对高技术行业创新绩效的影响相对更大，产业多样化对低技术产业创新绩效的影响相对更大。我国以建设创新型国家为发展目标，在实现这一目标过程中，FDI和产业集聚对于高技术产业仍然具有一定的正向作用，因此，需要继续现有鼓励政策的设施，并且逐步完善协同创新体系建设，为FDI的技术溢出和集聚外部性的充分发挥提供前提条件。

（5）在促进产业集群向创新集群转型过程中，我国存在许多优势条件，如何将优势转化为创新产出，地方政府在目前应当转变思路，除了继续将产业集群作为创新体系最重要部分继续推动外，还要完善其他配套体系建设，将地方政府政策、大学公共研究机构、专业化供应商、生产性服务供应商和商业协会有机地结合起来，为本地产业集群提供必要的协同生产体系，充分发挥产业集群的效率。

第二节　研究展望

关于FDI、产业集聚和技术创新的关系研究，首先需要在发展与创新的大框架内进行，其次在微观机制方面仍然要理论界进行仔细梳理，第三涉及多个学科的相关研究。无论如何，关于中国FDI流入、制造业产业集聚和技术创新进行系统分析，本书都是一次大胆而有意义的尝试。本书虽然力求在理论分析和实证检验方面能更加全面，但由于受资料和能力所限，很多问题尚未深入研究，有待进一步发展，主要有以下几点：

（1）由于资料收集能力有限，本书在研究产业集聚和技术创新方面只运用了比较简单的评价指标，没有能够进行多方位全面的度量。鉴于我国改革开放以来经济变迁的广泛性与深刻性，运用简单标准衡量难免偏颇，这也是将来的研究需要进一步发展的地方。

（2）本书虽然搜集大量资料进行分析，但所做工作还远远不够。中国是一个发展中的大国，这就注定中国经验的特殊性。需要应用管理学、经济学、统计学等多学科的分析才能进行更全面的解释。此外，为了更详细研究先进国家的成功经验，还应该进行更多的实际案例分析，才能更准确地为中国的发展定位。这些都是以后研究需要解决的问题。

（3）在实证研究方面，由于数据搜集能力有限，研究产业集聚和技术创新未能运用微观企业数据进行分析，用宏观数据必然带来结果的失真，这是本书的最大遗憾，今后继续从微观企业层面分析，运用更科学、先进的分析方法，是本书进一步研究的重点。

(4) 本书还局限于对已有各种理论的梳理，并没有发展成一套完善的分析框架，这是需要继续努力的地方。

以上问题的存在充分说明本书只是对 FDI、产业集聚和技术创新问题研究的一个开始，以后的任务将更加艰巨，探索之路更加漫长。

参 考 文 献

[1] 阿尔弗雷德·韦伯.工业区位论[M].北京:商务印书馆,2010.

[2] 迈克尔·波特.竞争优势[M].北京:华夏出版社,1997.

[3] 马歇尔.经济学原理[M].朱志泰,陈良璧,译.北京:商务印书馆,1981.

[4] 艾萨德.区位与空间经济:关于产业区位、市场区、土地利用、贸易和城市结构的一般理论[M].杨开忠,译.北京:北京大学出版社,2011.

[5] 安虎森.新经济地理学原理[M].2版.北京:经济科学出版社,2009.

[6] 柴志贤.产业集聚对区域技术创新的影响:理论、机理与实证研究[D].杭州:浙江大学,2008.

[7] 陈继勇,盛杨怿.外商直接投资的知识溢出与中国区域经济增长[J].经济研究,2008(12).

[8] 陈涛涛,范明曦,马文祥.对影响我国外商直接投资行业内溢出效应的因素的经验研究[J].金融研究,2003(5).

[9] 戴枫.中国服务业发展与外商直接投资关系的实证研究[J].国际贸易问题,2005(3).

[10] 段会娟.集聚、知识溢出类型与区域创新效率:基于省级动态面板数据的GMM方法[J].科技进步与对策,2011(10).

[11] 范剑勇.产业集聚与地区间劳动生产率差异[J].经济研究,2006(11).

[12] 冯德连,王蕾.国外企业群落理论的演变与启示[J].财贸研究,2000(10).

[13] 高铁梅.计量经济分析方法与建模[M].北京:清华大学出版社,2008.

[14] 黄凌云,徐磊,冉茂盛.金融发展、外商直接投资与技术进步:基于中国省际面板数据的门槛模型分析[J].管理工程学报,2009(3).

[15] 姜建平,赵伊川.FDI与中国服务业增长关系的实证分析[J].国际贸易问题,2007(4).

[16] 蒋殿春,张宇.经济转型与外商直接投资技术溢出效应[J].经济研究,2008(7).

[17] 克鲁格曼.发展、地理学和经济理论[M].北京:北京大学出版社,2000.

[18] 李晗斌.FDI对中国工业集聚的影响研究[D].长春:吉林大学,2011.

[19] 梁琦.产业集聚论[M].北京:商务印书馆,2004.

[20] 梁琦,钱学锋.外部性与集聚:一个文献综述[J].世界经济,2007(2).

[21] 刘修岩.集聚经济与劳动生产率:基于中国城市面板数据的实证研究[J].数量经济技术经济研究,2009(7).

[22] 卢现祥.新制度经济学[M].北京:北京大学出版社,2007.

[23] 路江涌.外商直接投资对内资企业效率的影响和渠道[J].经济研究,2008(6).

[24] 缪尔达尔.经济理论与欠发达地区[M].伦敦:达克沃思,1957.

[25] 马中东.基于分工视角的产业集群形成与演进机理研究[D].沈阳:辽宁大学,2006.

[26] 彭向,蒋传海.产业集聚、知识溢出与地区创新:基于中国工业行业的实证检验[J].经济学(季刊),2011(4).

[27] 钱学锋,梁琦.FDI、集聚与东道国利益:一个空间经济学的分析框架[J].经济理论与经济管理,2007(8).

[28] 钱学锋.国际贸易与产业集聚互动机制研究[M].上海:格致出版社,2010.

[29] 萨尔瓦多. 国际经济学[M]. 杨冰,等,译. 北京:清华大学出版社,2011.

[30] 史闻东. 限购背景下存准率与房价的关系研究[J]. 技术经济与管理研究,2012(3).

[31] 宋来胜,苏楠,付宏. 创新创业能力的空间分布及其经济增长效应:基于 GMM 方法的实证分析[J]. 经济经纬,2013(1).

[32] 苏楠,曹晅. FDI 行业特征、技术溢出与地区经济增长:基于省级动态面板数据的 GMM 分析[J]. 学习与实践,2012(5).

[33] 苏楠,曹暄. 我国中、西部地区对外贸易与城乡居民收入差距的关系:基于省际面板数据的实证分析[J]. 学习与实践,2010(11).

[34] 苏楠,宋来胜. 金融发展对 FDI 技术溢出效应的影响[J]. 武汉:中南财经政法大学学报,2012(4).

[35] 苏楠,肖晓勇. 产业集聚对 FDI 空间分布的影响:基于省际面板数据的实证分析[J]. 现代经济:现代物业,2011(4).

[36] 藤田昌久,克鲁格曼. 空间经济学:城市、区域与国际贸易:经济科学译库[M]. 梁琦主,译. 北京:中国人民大学出版社,2011.

[37] 王业强,魏后凯. 中国产业集群战略与政策考察[J]. 经济研究参考,2009(55).

[38] 王永齐. FDI 溢出、金融市场与经济增长[J]. 数量经济技术经济研究,2006(1).

[39] 王渝. 福建省高科技产业集群与持续创新能力研究[D]. 福州:福州大学,2003.

[40] 魏后凯,贺灿飞,王新. 中国外商投资:区位决策与公共政策[M]. 北京:商务印书馆,2002.

[41] 邬滋. 集聚结构、知识溢出与区域创新绩效:基于空间计量的分析[J]. 山西财经大学学报,2010(3).

[42] 冼国名,文东伟. FDI、地区专业化与产业集聚[J]. 管理世界,2006(12).

[43] 谢里,曹清峰. FDI 渗透与产业集聚:中国制造业行业差异研究[J]. 山西财经大学学报,2012(4).

[44] 邢斐,张建华. 外商技术转移对我国自主研发的影响[J]. 经济研究,2009(6).

[45] 钟娟,张庆亮. 金融市场发展对中国 FDI 技术溢出效应的影响及其门槛效应检验[J]. 财贸研究,2010(5).

[46] 张继彤. 小企业产业分布规律与集群化发展研究[M]. 北京:社会科学文献出版社,2006.

[47] 薛敬孝,韩燕. 服务业 FDI 对我国就业的影响[J]. 南开学报:哲学社会科学版,2006(2).

[48] 熊彼特. 经济发展理论[M]. 邹建平,译. 北京:中国画报出版社,2012.

[49] 颜益,芮明杰. 产业集聚视角下高技术产业创新绩效影响因素研究[J]. 经济与管理研究,2010(12).

[50] 杨春妮. 对华服务业直接投资对产业结构升级和人力资本积累的有限性[J]. 天津财经大学学报,2009(9).

[51] 姚利民,王峰. 跨国公司对江浙两地工业企业增加值率影响的分析[J]. 国际贸易问题,2006(6).

[52] 易丹辉. 数据分析与 Eviews 应用[M]. 北京:中国人民大学出版社,2008.

[53] 金祥荣,余冬筠. 创新效率、产业特征与区域经济增长[J]. 浙江大学学报:人文社会科学版,2010(5):116-125.

[54] 易丹辉. 数据分析与 Eviews 应用[M]. 北京:中国人民大学出版社,2008.

[55] 张萃. "二重开放"与中国制造业区域集聚:理论与实证[D]. 杭州:浙江大学,2009.

[56] 张丽华,林善浪,汪达钦.我国技术创新活动的集聚效应分析[J].数量经济技术经济研究,2011(1).

[57] 赵奇伟,张诚.金融深化、FDI溢出效应与区域经济增长:基于1997～2004年省际面板数据分析[J].数量经济技术经济研究,2007(6).

[58] 赵伟,张萃.FDI与中国制造业区域集聚:基于20个行业的实证分析[J].经济研究,2007(11).

[59] 钟昌标.外商直接投资地区间溢出效应研究[J].经济研究,2010(1).

[60] 许培源,高伟生.国际贸易的技术溢出:经验研究综述[J].国际贸易,2010(5):9-14.

[61] 彭凯,孙海法.知识多样性、知识分享和整合及研发创新的相互关系:基于知识IPO的R&D团队创新过程分析[J].软科学,2012(9):15-19。

[62] 余秀江,胡冬生,何新闻,等.我国技术创新影响因素的动态分析:基于SVAR模型的实证研究[J].软科学,2010(8):11-20.

[63] 周经,刘厚俊.国际贸易、知识产权与我国技术创新:基于1998～2009年省际面板数据的实证研究[J].世界经济研究,2011(11):58-62.

[64] ABRAMOVITZ M. Catching up, forging ahead, and falling behind[J]. Journal of Economic History,1986,46(2).

[65] ACS Z J,TERJESEN S. Could the irish miracle be repeated in Hungary[J]. Small Business Economics,2007,28.

[66] ACS Z, AUDRETSCH D, FELDMAN M. Real effects of academic research[J]. American Economic Review,1992,82(1).

[67] ALMEIDA. Knowledge sourcing by foreign multinationals: patent citation analysis in the US semiconductor industry[J]. Strategic Management Journal,1996,17(2).

[68] ALVARO L, CHANDA A, KALEMLI-OZCAN S. Sayek, FDI and economic growth: the role of local financial markets[J]. Journal of International Economics,2003,64.

[69] ARROW K. Economic welfare and the allocation of resources for invention[M]//The rate and direction of economic activity. Princeton:Princeton University Press,1962.

[70] ASHEIM B, Gertler M. The geography of innovation: regional innovation systems[R]//The Oxford Handbook of Innovation. Oxford, OUP,2005.

[71] ASHEIM B. Localiced learning, innovation and regional clusters[R]. Stockholm:Nordregio Report, 2001.

[72] AUDRETSCH D, Feldman M. R&D spillovers and the geography of innovation and production[J]. American Economic Review,1996,86(3).

[73] AUDRETSCH D, FELDMAN M. Small-firm strategic research partnerships: The case of biotechnology[J]. Technology Analysis and Strategic Management,2003,15(2).

[74] AUDRETSCH D. Agglomeration and the Location of Innovative Activity[J]. Review of Economic Policy,1998,14.

[75] BALDWIN R, MARTIN. Agglomeration and Regional Growth[R]. CEPR Discussion Paper Series, No. 3960,2003.

[76] BALTAGI, PFAFFERMAYR. Estimating models of complex FDI:are there third-country effects[J]. Econom,2007,140.

[77] BAPTISTA R, SWANN P. Do firms in clusters innovate more[J]. Research Policy, 1998,(27).

[78] BARRELL R, PAIN N. Foreign direct investment, technological change, and economic growth within Europe[J]. Economic Journal,1997,107.

[79] BEESON. Total Factor Productivity Growth and Agglomeration Economies in Manufacturing[J]. Journal of Regional Science, 2006,27(2).

[80] BLOMSTRÖM M, KOKKO A. Multinational corporations and spillovers[J]. Econ Surv, 1998,12(1).

[81] BLOMSTROM M, LIPSEY. What Explains Developing Country Growth[R]. NBER Working Paper, No. 4132,1994.

[82] BLOMSTROM M, KOKKO A. Human capital and inward FDI[R]. CEPR Working Paper, January 2003.

[83] BLOMSTROM M, SJOHOLM F. Technology transfer and spillovers: does local participation with multinationals matter[J]. European Economic Review,1998,43.

[84] BOSCHMA R. Proximity and innovation: a critical assessment[J]. Regional Studies, 2005,39.

[85] BRESCHI S, LISSONI F. Mobility and Social Networks:Localised Knowledge Spillovers Revisited[R]. CESPRI Working Papers, No. 142, 2003.

[86] CAMAGNI R. Local "Milieu", uncertainty and innovation networks: towards a new dynamic theory of economic space[M]// Innovation networks: spatial perspectives. London: Belhaven Stress,1991.

[87] CANIËLS, ROMIJN A. What Drives Innovativeness in Industrial Clusters? Transcending the Debate[R]. ECIS Working Paper Series, Eindhoven Centre for Innovation Studies, The Netherlands, 2003.

[88] CANTWELL A. The international agglomeration of R&D[M]// Global Research Strategy and International Competitiveness, Oxford:Blackwell, 1991.

[89] CANTWELL J, IMMARINO S. Multinational corporations and the location of technology innovation in the UK regions[J]. Regional Studies, 2000,34(4).

[90] CASTILLO J, A Note on the Concept of Tacit Knowledge[J]. Journal of Management Inquiry, 2002,11.

[91] CAVES E. Multinational firms, competition, and productivity in host-country markets [J]. Economica, 1974,41.

[92] CHAMINADE. Exploring the role of regional innovation systems and institutions in global innovation networks[R]. Working Paper, Lund University, No. 15,2011.

[93] COASE H. The Nature of the firm[J]. Economica, 1937,4(16).

[94] COHEN M, LEVINTHAL A. Innovation and learning: The two faces of R&D[J]. The Economic Journal, 1989,99.

[95] COOKE P. Regional innovation systems: competitive regulation in the new Europe[J]. Geo Forum,1992,23.

[96] COOKE P. Regional Innovation Systems[R]. London:Routledge, 2003.

[97] DE PROPRIS, DRIFFIELD N. The importance of clusters for spillovers from foreign direct investment and technology sourcing[J]. Cambridge Journal of Economics, 2006, 30.

[98] DECOSTER. Strange, Spurious Agglomerations[J]. Journal of Urban Economics, 1993, 33(3).

[99] DOBKINS H. Location, innovation and trade: The role of localization and nation-based externalities[J]. Regional Science and Urban Economics, 1996, 26(6).

[100] DRIFFIELD N. Regional policy and spillovers from FDI in the UK[J]. Annals of Regional Science, 2004, 38.

[101] DUNNING J H. Explaining international production[M]. London: Unwin Hyman, 1988.

[102] DURANTON G, PUGA. Micro-foundations of urban agglomeration economies[J]. Handbook of urban and regional economics, 2004(4).

[103] ELICIA M. The role of clustering in the growth of new technology-based firms[J]. Springer Science Business Media, 2008.

[104] ENRIGHT. Host country characteristics and agglomeration in foreign direct investment [J]. Applied Economics, 2001, 12.

[105] ERIK WALENZA-SLABE. Emerging Chinese Innovation Ecosystems Implications of China's improving innovation competitiveness for companies and professionals[R]. World Bank Policy Research Working Paper, 2012.

[106] XAVIER MOLINA-MORALES. Geographical and cognitive proximity effects on innovation performance in SMEs: a way through knowledge acquisition[R]. NBER Working Papers, No. 1110, 2011.

[107] FELDMAN, FLORIDA R. The geographic sources of innovation: technological infrastructure and product innovation in the United States[J]. Ann Assoc Am Geogr, 1994, 84(2).

[108] FLENSBURG P. Introduction: Knowledge Spillovers and Knowledge Management[R]. NBER Working Papers, No. 410, 2004.

[109] FREEMAN C. Networks of Innovators: a synthesis of research issues[J]. Research Policy, 1991, 20.

[110] FUJITA M, THISSE. Economics of Agglomeration[M]. London: Oxford University Press, 2002.

[111] FUJITA M, MORI T. Frontiers of the New Economic Geography[R]. Discussion Paper, Institute of Developing Economies, Kyoto University, No. 27, 2005.

[112] GERTLER S. Best practice? Geography, learning and the institutional limits to strong convergence[J]. Journal of Economic Geography, 2001, 1(1).

[113] GORDON K, LYON S, PAISLEY E. Rising to the challenge: A progressive U. S. approach to china's innovation and competitiveness policies[J]. Center for American Progress, 2011.

[114] HENDERSONN V, SHALIZI Z, VENABLES J. Geography and development[J]. Journal of Economic Geography, 2001, 1(27).

[115] FALLAH, IBRAHIM. Knowledge Spillover And Innovation In Technological Clusters [R]. Working Paper, 2004.

[116] INKPEN A, TSANG E. Social capital, networks, and knowledge transfer[J]. Academy of Management Review, 2005,30(17).

[117] JULIAN C. New Economic Geography Reloaded: Localized Knowledge Spillovers and the Geography of Innovation[R]. FZID Discussion Paper No. 01, 2009.

[118] KAISER U. Measuring Knowledge Spillovers in Manufacturing and Services: an Empirical Assessment of Alternative Approaches[J]. Research Policy,2002,31(23).

[119] KNOBEN J, OERLEMANS. Proximity and inter:organizational collaboration:a literature review[J]. International Journal of Management Reviews,2006,8(42).

[120] KRUGMAN P. Increasing returns and economic geography[J]. Journal of Political Economy,1991,99.

[121] LEVIN, REISS, Cost-reducing and demand-creating R&D with spillovers[J]. Rand Journal of Economics, 1988,19(4).

[122] LIPSEY R. Home and host country effects of FDI[R]. NBER Working Paper Series 9293, 2002.

[123] LI Z. Some evidence on the performance of transport infrastructure investment in China [D]. The University of Hong Kong, 2007.

[124] LISA DE PROPRIS, DRIFFIELD. The importance of clusters for spillovers from foreign direct investment and technology sourcing[J]. Cambridge Journal of Economics, 2006,30(54).

[125] MALERBA F. Sectoral Systems of Innovation and Production[J]. Research Policy,2002.

[126] MALMBERG A. The elusive concept of localization economics: toward a knowledge-based theory of spatial clustering[J]. Environment and planning,2002,34.

[127] MARTIN R, SUNLEY P. Deconstructing clusters: chaotic concept or policy panacea [J]. Journal of Economic Geography,2003,3(5).

[128] MAJELLA G. Inward foreign investment and the clustering process: the case of the medical technology sector inIreland[R]. Working Paper , Centre for Innovation & Structural Change NUI Galway, 2011.

[129] MASAHISA, FUJITA. The Evolution Of Spatial Economics: From Thünen To The New Economic Geography[J]. The Japanese Economic Review,2010,61(1).

[130] MASASHI, YAMAMOTO. Efficiency and stability of an open sky network[R]. GRIPS Discussion Papers from National Graduate Institute for Policy Studies,No. 122,2002.

[131] MEAGHER. Network density and R&D spillovers[J]. Journal of Economic Behavior & Organization,2004,53(21).

[132] MIAO B. Renewable Energy Market Manager at Harting Interview[R]. Shanghai, 2011.

[133] MOLINA-MORALES. Social networks:effects of social capital on firm innovation[J]. Journal of Small Business Management,2010,48(2).

[134] MORGAN K. The learning region: institutions, innovation and regional renewal[J]. Regional Studies,1997,31(5).

[135] MURPHY A, Ruane F. FDI in Ireland: an updated assessment[R]// Central Bank and Financial Services Authority Annual Report 2003, Dublin, Ireland, 2004.

[136] NADIA DOYTCH. Does the worldwide shift of FDI from manufacturing to services accelerate economic growth-a GMM estimation study[R]. NBER Working Paper No. 3615，2011.

[137] NARULA R. Innovation systems and inertia in R&D location：Norwegian firms and the role of the systemic lock-in[J]. Research Policy,2002,31.

[138] NONAKA I，BYOSIERE P，BORUCKI C. Organizational Knowledge Creation Theory：A First Comprehensive Test[J]. International Business Review，1994,3(4).

[139] NOOTEBOOM B. Learning and innovation in organizations and economies[M]. Oxford：Oxford University Press，2000.

[140] NUNNENKAMP，Spatz. Intellectual Property Rights and Foreign Direct Investment：The Role of Industry and Host-Country Characteristics [R]. NBER Working Paper，2003.

[141] PHELPS A. Clusters，dispersion and the spaces in between：for an economic geography of the banal[J]. Urban Studies,2004,41(41).

[142] POLANYI M. The tacit dimension[M]. NY:Doubleday & Co.，Garden City,1966.

[143] PORTER M E. The competitive advantage of nations[J]. Harvard Business Review，1990,2.

[144] ROMER P. Endogenous technological change[J]. Journal of Political Economy,1990,98.

[145] SJÖHOLM F. Technology gap，competition，and spillovers from foreign direct investment:evidence from establishment data[J]. Journal of Development Studies,1999,36.

[146] STREETEN P. Globalisation：Threat or Opportunity[M]. Copenhagen：Copenhagen Business School Press,2001.

[147] SWANN P，PREVEZER M. A comparison of the dynamics of industrial clustering in computing and biotechnology[J]. Research Policy,1996,25(7).

[148] TEECE J. Technology transfer by multinational Firms:The resource cost of transferring technological know-how[J]. The Economic Journal,1977,87.

[149] ZOLTAN J，ACS. The Knowledge Spillover Theory Of Entrepreneurship And Foreign Direct Investment[R]. Jena Economic Research Papers，No. 59,2007.

[150] ZUCKER L G，DARBY M R. Commercializing knowledge：University science，knowledge capture，and the performance of theUS biotechnology firms[J]. Management Science,2002,48(1).

[151] FELDMAN M P，FLORIDA R. The geographic sources of innovation：technological infrastructure and product innovation in the United States [J]. Annals of the Association of American Geographers,1994,84 (2):210-229.

[152] CASTELLANI D. Export Behaviour and Productivity Growth：Evidence from Italian Manufacturing Firms[J]. Weltwirtschaftliches Archiv,2002(138):605-628.

[153] EJERMO OLOF，KANDER ASTRID. The Swedish Paradox[R]. CIRCLE Electronic Working Papers,2006，Lund University，Circle-Center for Innovation，Research and Competences in the Learning Economy.

[154] KELLER W. International technology diffusion[J]. Journal of Economic Literature，2004,42(3):752-782.

后　记

本书是在我的博士论文基础上修改完成的，长达 5 年的攻读博士学位经历是我人生的一个重要阶段，从 2008 年又一次回到母校中南财经政法大学攻读博士学位以来，我最深切地体会到：读博士并不是一件轻松的事情，不但非常艰辛，而且需要不断忍受煎熬。现在经过了 1500 多个日夜的奋力拼搏，论文终于完成。此时此刻心里却一片茫然，甚至有点不敢相信这 5 年的博士生涯终于可以画上句号。这时才能发自内心地体验到其他人完成毕业论文后的感慨，知道为什么要把论文献给他们最爱的人，因为没有他们的支持很难想象能完成这一漫长的工作，因此，我要把发自内心的感谢送给所有关心、支持我的人。首先要感谢的是我尊敬的导师蔡玲教授。蔡教授在国际贸易和国际区域经济合作方面具有深厚的造诣，而我作为一个大龄学子，有幸成为蔡老师的学生，感到莫大的荣幸，一直以来心存感激。从 2002 年跟随蔡老师攻读硕士学位以来，至今已经整整 11 年。在这 11 年间，蔡老师不但在学业上严格要求，精心指导，而且在工作中给予我很多帮助，在生活中教导我为人处世的道理。这篇博士论文从论文的选题方向、基本框架结构到最后结论对策，甚至在写作过程中的很多细节都受到蔡老师的反复指点，凝结了恩师大量的心血和智慧。蔡老师严谨的治学态度、渊博的学识、平和的性格都真真切切地让我明白今后应该如何做人、如何做事。此外，我还要感谢朱延福教授和佘群芝教授。两位教授开设的专题课，开拓了我的研究视野，为我的博士论文打下了坚实的基础，而且在开题报告中，他们也提出了很多富有建设性的建议，我要向他们致以衷心的感谢。

在漫长的攻读博士期间，我要感谢我的妻子、父母和岳父母，没有他们的支持，无论如何我不会有今天的成就。他们给予了我家庭的温暖幸福，让我没有了后顾之忧，能够安心读书。尤其是我的妻子姚云女士为我付出了太多，她一直鼓励我在学业上有所成就，与我同甘共苦，任劳任怨。这篇论文还要献给我亲爱的儿子，5 年期间，他已经从天真活泼的幼儿长成积极向上的小学生，他给我带来了太多的欢乐，是我学习工作的动力。

我还要感谢白永亮、刘家悦、王瑾、李琼、梁松、蔡濛萌等同门师兄弟的无私帮助，他们为我的论文提出了很好的建议，在很多事情上提供了极大的便利，这种深厚的友谊是我人生宝贵的财富。此外，在这些年里，单位的领导和同事也给我许多无私的帮助，我要感谢高洁教授、严飞教授、熊桉教授、苏文慧书记在工作过程中给予的支持，我的同事宋来胜、蔡坚、孙永平、叶洪涛这些年对我的帮助，特别是我的同事宋来胜，与我在科研方面相互促进，是我的良师益友。

最后本书在写作过程中参考了国内外专家、学者的相关文献，在此一并表示感谢。

苏　楠

2014 年 6 月 26 日